Werner und die Clique

Gisela Cumming
Hazlehead Academy, Aberdeen

Drawings by **Roy Schofield**

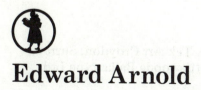

Edward Arnold

© Gisela Cumming 1979

First published 1979 by
Edward Arnold (Publishers) Ltd
41 Bedford Square, London WC1B 3DQ

British Library Cataloguing in Publication Data
Cumming, Gisela
  Werner und die Clique.
  1. German language — Readers
  I. Title
  438'.6'421   PF3117

  ISBN 0-7131-0334-5

Set in IBM 10pt Century by 🅰 Tek-Art Croydon, Surrey.
Printed in Great Britain by Spottiswoode Ballantyne Ltd,
Colchester and London.

Contents

To the Teacher

This book can be used in conjunction with any course book. Its aims are to teach new vocabulary in an interesting context, and to reinforce grammatical structures that have already been taught via the course book. It also has the more general aim of introducing pupils to reading as a normal and enjoyable language activity. Pupils studying German as a first foreign language should be ready to cope with this book in their second year, whereas those learning German as a second foreign language should be able to read it in the middle of their first year. The text centres around a group of lively young people in Germany.

Every effort has been made to keep the language of the ten stories in this reader simple, and they are all written in the present tense. Each story is followed by a set of ten questions in German, which can be used to test comprehension, and to manipulate the words and structures of the story. The answers must be relevant but the language can be kept simple, e.g., a question starting with *warum* can be answered with a simple main clause.

Further exercises are varied. Some are designed to build up the pupils' active vocabulary, while others draw the pupils' attention to a particular structure or provide practice in different language activities.

The exercises are self-explanatory so that they can be completed by the pupils with the minimum of help from the teacher. An extensive German-English vocabulary is supplied at the end of the book for that purpose.

G.C.

1 Überfall auf der Autobahn

Werners Vater ist Fernfahrer. Er fährt einen großen Lastwagen.
Er fährt meist auf der Autobahn. Hier hält er an einer Raststätte.
Er muß tanken. Der Tankwart kommt und füllt Benzin in seinen
Tank. Werners Vater geht in die Raststätte; er trinkt eine Tasse
Kaffee und ißt eine Wurst. Dann fährt er nach Hause.

Werner fährt gern mit seinem Vater. Er fragt ihn: ,,Darf ich
morgen mit dir fahren?" Sein Vater sagt: ,,Ja, du hast ja jetzt
Ferien. Morgen fahre ich nach Frankfurt. Das ist nicht so weit."

In Leverkusen lädt sein Vater Medikamente ein: Schlaftabletten,
Tabletten gegen Schmerzen, Narkotika, Morphium, alles für das
Krankenhaus in Frankfurt.

Sie sind jetzt auf der Autobahn nach Frankfurt. Hinter ihnen
fährt ein blauer Opel. In Köln fahren sie über den Rhein. Der
blaue Opel fährt auch über die Rheinbrücke. Im Opel sitzen zwei

Männer. Der Fahrer hat eine schwarze Lederjacke an. Der Mann neben ihm trägt eine dunkle Brille und hat einen schwarzen Hut auf dem Kopf. „Die Männer im blauen Opel sehen wie Gangster aus", sagt Werner zu seinem Vater. Sein Vater lacht: „Das hier ist kein Kriminalfilm. Wir sind auf der Autobahn und nicht im Kino."

Hinter Köln halten sie an einer Raststätte, um zu tanken und um etwas zu trinken. Der Tankwart füllt Benzin in den Lastwagen. Es ist Abend. Die Sonne geht unter, und es wird dunkel.

In der Raststätte sitzen viele Leute. Sie essen Fleisch oder Huhn mit Reis oder Kartoffeln. Werner trinkt einen Apfelsaft und sein Vater ein großes Glas Milch.

Dann gehen Werner und sein Vater wieder zum Lastwagen. Nanu? Was ist denn das? Dort sitzt ein Mann am Steuerrad. Es ist der Mann mit dem schwarzen Hut und der dunklen Brille, der Mann aus dem blauen Opel. Der Mann versucht, den Motor anzulassen. Der andere Mann, der Mann mit der schwarzen Lederjacke, arbeitet am Motor.

„Halt! Halt!" ruft Werners Vater, und sie laufen zum Lastwagen. Der Mann mit der Lederjacke wirft einen Hammer nach ihnen. Der Hammer trifft seinen Vater am Kopf. Sein Vater fällt zu Boden. Der Mann kommt und gibt Werners Vater einen Fußtritt.

Werner schreit laut auf. Er muß seinem Vater helfen. Werner kann Judo. Er springt den Mann an und wirft ihn zu Boden. Der Mann schlägt mit dem Kopf auf die Steine und bleibt liegen.

Der Mann mit dem schwarzen Hut und der dunklen Brille ist noch immer im Lastwagen und versucht, den Motor anzulassen.

„Hilfe! Hilfe!" schreit Werner laut. „Hilfe! Man stiehlt unseren Lastwagen!"

Der Tankwart läuft herbei, Männer aus der Raststätte kommen herbeigelaufen. Der Mann mit Hut und Brille hat Angst. Er springt aus dem Lastwagen, läuft zum blauen Opel hinüber und fährt los.

Der Mann mit der Lederjacke will aufstehen. Zwei Männer halten ihn am Arm fest und marschieren mit ihm ins Café. Der Tankwart geht in sein Büro und ruft die Polizei an.

Werners Vater ist nicht bewußtlos, aber sein Kopf blutet. Werner holt den Verbandskasten aus dem Lastwagen. Ein Mann legt seinem Vater einen Verband an. Werners Vater erzählt den Männern, wie gut sein Sohn Judo kann. Die Männer klopfen Werner auf den Rücken. Sie sagen: „Du bist sehr mutig."

Die Männer, Werner und sein Vater gehen in die Raststätte und warten auf die Polizei. Werner bekommt ein großes Glas Milch und eine große Wurst mit Kartoffelsalat. Sein Vater ist stolz auf ihn. Werner ißt mit großem Appetit.

Vokabeln

der Überfall (¨e)	raid
der Fernfahrer (-)	long-distance lorry driver
der Lastwagen (-)	lorry
die Raststätte (-n)	motorway services
das Huhn (¨er)	chicken
der Apfelsaft	apple juice
das Steuerrad (¨er)	steering wheel
an/lassen	to start
versuchen	to try

treffen	to hit

er schlägt mit dem Kopf
    auf die Steine
	he hits his head against the
	    stones

bewußtlos	unconscious
bluten	to bleed
der Verbandskasten (̈-en)	first aid box
stolz auf (acc.)	proud of

A   Answer in German

1. Was ist Werners Vater von Beruf?
2. Warum hält er an der Raststätte?
3. Wohin will er morgen fahren?
4. Was für Medikamente lädt er in seinen Lastwagen?
5. Beschreibe die beiden Männer im blauen Opel.
6. Warum sitzt der eine Mann am Steuerrad?
7. Was wirft der andere Mann nach Werners Vater?
8. Welcher Mann fährt mit dem Opel weg?
9. Wer kommt Werner zu Hilfe?
10. Wo warten Werners Vater und Werner auf die Polizei?

B   *einsteigen in (acc.)*
After the official opening of an exhibition you want to know
when the guests will leave. Write out the questions and answers:

Questions

Wann	steigt der Minister steigen die Reporter	ins Auto ein?

Answers

Der Minister steight Die Reporter steigen	um 3 Uhr fünf Minuten später	ins Auto ein. in den Bus ein.

Now make up more questions using words from boxes 1 and 2, and more answers, using words from all three boxes:

1	2	3
der Kameramann	in den Hubschrauber	um 10 Minuten nach drei
der Direktor	in den Wagen	um Viertel nach drei
die Touristen	in den Zug	um halb vier
die Kinder	in die Straßenbahn	drei Minuten später

C   *aussteigen aus (dat.)*
Being a stranger in town you want to know where to get off the bus, tram, etc. Write out the questions and answers:

Questions

Wo muß ich	aus dem Bus	aussteigen?
	aus der Straßenbahn	

Answers

Steig	am Theater	aus dem Bus aus.
	am Bahnhof	aus der Straßenbahn aus.

Now make up more questions and answers, using words from the boxes below:

aus dem Taxi	am Fernsehturm
aus dem Auto	am Rathaus
aus der U-Bahn	am Zoo
aus dem Schiff	an der Brücke

D   Replace the words in **bold** print with the words in brackets:

1 *halten an (dat.)*

a) Wo hält **der Lastwagen?**
   (Auto, Motorroller, Rad, Straßenbahn, Bus)
b) **Der Lastwagen** hält an **der Tankstelle.**
   (Raststätte, Kreuzung, Verkehrsampel, Marktplatz, Bushaltestelle)

5

2 *mit (dat.)*

a) Wer ist der Mann mit **dem roten Hemd?**
   (braune Aktentasche, schwarzer Regenschirm, weißes
   Sportauto, große Nase, grauer Bart)
b) Der Mann mit **dem roten Hemd** ist **mein Onkel.**
   (Chef, Nachbar, ein berühmter Filmstar, ein Geschäftsfreund,
   ein bekannter Maler)

E Use the words listed below in *italics* to complete the story:
Ein Mann . . . kommt in die Sparkasse. Es ist Mittagspause, und
nur eine junge Dame, Elke Spindler, ist in der Sparkasse. Der
Mann will das Geld haben. Elke ist ein . . . Mädchen. Sie gibt ihm
nicht das Geld, sie wirft einen Brieföffner . . . . Der Brieföffner
ist aus Metall und . . . den Mann . . . . Sein Arm . . . . Er . . . und
läßt die Pistole fallen. Elke ist nicht nur mutig, sie ist auch
deutsche Meisterin im . . . . Sie wirft den Mann . . . . Er . . .
mit dem Kopf gegen den Tisch und bleibt . . . liegen. Erst
jetzt ruft sie die Polizei an.

am Arm, bewußtlos, blutet, Judo, mit einer Pistole, mutiges,
nach ihm, schlägt, schreit, trifft, zu Boden

2 'Die Flamingos'

Werners Freunde heißen Karl, Mark und Toni. Sie wohnen alle
in der Mühlenstraße. Sie spielen alle ein Instrument. Werner ist
der Bandleader und der Schlagzeuger. Karl spielt Gitarre. Mark
spielt auch Gitarre und singt; und Toni singt auch, und er spielt
eine elektrische Gitarre. Die Gruppe nennt sich *die Flamingos.*
   Die Flamingos müssen viel üben.
   Die Jungen kommen in Werners Zimmer zusammen und üben
dort. Es macht ihnen Spaß. Sie spielen Popsongs und Jazz. Mark
und Toni singen Lieder der Hitparade.

Frau Müller hat die Wohnung nebenan. Frau Müller hört nicht gern Popmusik. Sie findet die Musik schrecklich. Sie geht zu Werners Vater und beklagt sich über den Lärm. Werners Vater sagt zu der Gruppe: ,,Eure Musik ist zu laut. Ihr könnt hier nicht in der Wohnung spielen.``

Die Jungen gehen zu Karl. Aber Karls Mutter gefällt das Schlagzeug nicht. Sie sagt: ,,Nein, hier könnt ihr nicht spielen.`` Die Jungen gehen jetzt zu Mark. Marks Mutter steht auf der Treppe. Sie läßt die Jungen nicht in die Wohnung. Sie kann Jazz nicht leiden. Können sie zu Toni gehen? ,,Nein``, sagt Toni. ,,Bei mir können wir auch nicht spielen. Meine Großmutter ist krank.``

Was sollen die Jungen machen? Wenn sie nicht üben können, dann ist das das Ende der Flamingos.

Werner geht nach Hause. Werner spricht mit seinem Vater. Er sagt ihm, daß die Gruppe üben muß. Sein Vater wird böse. Er sagt, er will das Schlagzeug verkaufen, wenn die Jungen hier in der Wohnung spielen. Werner macht ein langes Gesicht. Er geht in sein Zimmer und setzt sich auf sein Bett. Sein Hund kommt und leckt ihm die Hand.

Es klingelt. Draußen steht Herr Krone, der Besitzer der Diskothek *Beatschuppen*. Er möchte eine Gruppe für Samstag abend haben. Er fragt Werner: ,,Können die Flamingos von 8 bis 10 Uhr im Beatschuppen spielen?``

Werner ist daran interessiert, aber die Gruppe muß viel üben. Werner spricht mit seinem Vater. Sein Vater sagt: ,,Geh zu Frau Müller, und bring ihr ein paar Blumen. Du mußt mit ihr darüber sprechen.``

Werner klingelt. Frau Müller macht die Tür auf. Werner gibt ihr rote Rosen. Frau Müller ist freundlich. Sie sagt: ,,Könnt ihr am Donnerstag üben? Am Donnerstag gehe ich immer zu meiner Schwester. Dann könnt ihr so laut spielen, wie ihr wollt. Und am Dienstag gehe ich auch oft aus.`` Werner ist sehr froh, er umarmt Frau Müller. Dann geht er zu seinen Freunden und sagt ihnen: ,,Wir können jetzt wieder bei mir üben; und am Samstag können wir im Beatschuppen spielen.``

Am Samstag spielen Werner und seine Gruppe; Mark und Toni singen. Den Teenagern gefällt die Musik. Sie tanzen, sie klatschen und singen; sie sind von den Flamingos begeistert.

Herr Krone ist sehr zufrieden. Am nächsten Samstag ist der Beatschuppen ganz voll. Alle wollen Die Flamingos hören.

Werner und seine Gruppe sind sehr froh. Mit ihrem ersten Geld
wollen sich die Jungen einen Verstärker kaufen.

Vokabeln

das Schlagzeug	percussion
der Schlagzeuger (-)	percussionist
üben	to practise
nebenan	next door
sich beklagen über (acc)	to complain about
der Lärm	noise
sie kann Jazz nicht leiden	she cannot stand jazz
er macht ein langes Gesicht	he makes a long face
böse werden	to get cross
draußen	outside
der Besitzer (-)	proprietor
er ist daran interessiert	he is interested in it
umarmen	to embrace
begeistert sein von	to be enthusiastic about
zufrieden	content, satisfied
der Verstärker (-)	amplifier

A   Answer in German:

1. Wie viele Jungen sind in der Gruppe?
2. Was für Instrumente spielen sie?
3. Bei wem treffen sich die Jungen?
4. Wie heißt Werners Nachbarin, und was findet sie schrecklich?
5. Warum kann die Gruppe nicht bei Karl spielen?
6. Warum können die Jungen nicht zu Toni gehen?
7. Wo sprechen die Jungen über ihr Problem?
8. Was sagt Herr Krone zu Werner?
9. Wann und bei wem können die Jungen jetzt üben?
10. Was denken die Teenager von den Flamingos?

B   Match the questions and answers:
   Hier sind die Fragen:
1. Warum treffen sich die Jungen bei Werner?
2. Warum kann Frau Müller Popmusik nicht leiden?
3. Warum können die Jungen nicht bei Mark spielen?
4. Warum will der Vater Werners Schlagzeug verkaufen?
5. Warum geht Herr Krone zu Werner?
6. Warum ist Frau Müller jetzt freundlich?
7. Warum umarmt Werner Frau Müller?
8. Warum gehen so viele Teenager jetzt am Samstag in den Beatschuppen?

Hier sind die Antworten:
a. Die Teenager wollen die Flamingos hören.
b. Werner schenkt ihr rote Rosen.
c. Die Jungen wollen zusammen Popmusik und Jazz spielen.
d. Frau Müller ist alt und findet Popmusik schrecklich.
e. Werner ist froh. Die Gruppe kann am Dienstag und Donnerstag bei ihm in der Wohnung üben.
f. Marks Mutter steht auf der Treppe und läßt die Jungen nicht in ihre Wohnung.
g. Herr Krone sucht eine Gruppe, die am Samstag im Beatschuppen spielt.
h. Er ist böse, weil die Jungen in der Wohnung Musik machen wollen.

C   Cornelia is unlucky. All the people she would like to visit will not be at home. Write out the questions and answers:

Questions

Monika Frau Bosch Carola und Gerd	kann ich	heute morgen um 10 Uhr	zu	dir Ihnen euch	kommen?

Answers

Heute Morgen	bin ich leider	bei	meiner Tante. meinen Eltern.
Um 10 Uhr	sind wir leider		unserem Onkel.

Now make up more questions using words from boxes 1 and 2, and more answers, using words from boxes 2 and 3:

1	2		3	
Paula Rudolf	am Sonntag am Montag	bei	meiner	Freundin Großmutter
Herr Schwarz Frau Zell	am Vormittag am Nachmittag		meinem	Freund Bruder
Antje und Birgit Bert und Andreas	nach dem Mittagessen nach dem Abendessen		unserem	Großvater Onkel
Barbara und Bert	um 8 Uhr		unserer	Nachbarin

D An inquisitive neighbour is finding out why Cornelia wants to visit her relatives and friends. Write out the questions and answers:

Questions

Warum will Cornelia zu	ihrem Onkel ihrer Tante	gehen?

Answers

Sie will bei	ihm ihr	im Garten arbeiten. zu Mittag essen.

Make up more questions, using words from box 1, and more answers, using words from box 2:

1	2
Freundin Großvater Nachbarin	Gitarre spielen Fenster putzen Karten spielen

E Cornelia's brother Walter is busy too. Write out what he is doing:

Walter geht zu	seinem Freund. seinen Großeltern.

Er kann	bei ihm bei ihnen	Trompete spielen. Bücher lesen.

Make up more sentences, using words from the boxes below:

1	2
Onkel Freunden Bruder	Schallplatten hören Fußball spielen fernsehen

3 Ein Ausflug

Zweimal in der Woche gehen Werner und Karl in den Jugendklub.
Marion und Helga gehen auch in den Klub. Heute ist Sonntag,
und heute macht der Klub einen Ausflug.

  Es ist 8 Uhr, und sie steigen in den Bus ein. Werner trägt den
Rucksack. Der Rucksack ist schwer. Im Rucksack sind Brötchen
mit Wurst und Käse, Kuchen und Limonade, genug für die beiden
Jungen und Mädchen. Karl trägt seine Gitarre.

  Die Busfahrt macht ihnen Spaß. Karl und Werner sitzen
hinten, und Marion und Helga sitzen vor ihnen. Marion hat einen
blauen Rock an, und Helga trägt rote Hosen.

13

Der Bus hält im Wald. Zuerst machen sie alle einen Spaziergang. Dann steigen Werner, Karl, Marion und Helga auf einen Berg. Dort wollen sie Mittag essen. Sie finden einen guten Platz. Sie setzen sich ins Gras und ruhen sich aus. Marion packt den Rucksack aus. „Wo ist der Flaschenöffner?" fragt sie. „O je, der Flaschenöffner ist in meiner Anoraktasche; und mein Anorak liegt im Bus", antwortet Helga. Die beiden Mädchen laufen zum Bus zurück. „Beeilt euch, und kommt bald zurück. Wir sind durstig", ruft Werner.

Es ist sehr warm. Werner zieht seine Jacke und sein Hemd aus. Er will braun werden. Karl legt sich ins Gras und träumt.

Marion und Helga haben den Flaschenöffner, aber sie finden den Weg zum Picknickplatz nicht. Sie verlaufen sich im Wald. Marion fällt über einen Stein und verstaucht sich den Fuß. Sie kann nicht aufstehen. Der Fuß tut sehr weh. Sie weint.

Werner sonnt sich noch immer, aber Karl steht auf. „Wo sind Marion und Helga? Sie haben sich bestimmt verlaufen." Karl klettert auf einen Baum. Er ruft laut: „Marion! Helga!" Er ruft dreimal. Dann sieht er ein Mädchen mit roten Hosen auf dem anderen Berg. Ist das Helga? Er winkt. Das Mädchen winkt zurück. Ja, es ist Helga. Sie gibt ihm ein Zeichen, er soll kommen.

Karl klettert vom Baum herunter. Er ruft: „Steh auf, Werner! Nimm den Rucksack. Helga ist drüben auf dem anderen Berg." Nach kurzer Zeit sind die beiden Jungen bei Helga. Helga erzählt ihnen von Marions Unfall. Sie gehen zu Marion.

Marion freut sich, daß Karl und Werner da sind. Ihr Fuß tut jetzt sehr weh. Er ist geschwollen. Karl, Werner und Helga setzen sich zu Marion ins Gras. Sie trinken alle Limonade. Aber sie essen nicht viel. Sie haben keinen großen Hunger. Marion tut ihnen leid.

Marion versucht, aufzustehen, aber sie kann es nicht. Werner und Karl helfen ihr. Marion legt ihre Arme um den Hals der Jungen, und Karl und Werner tragen sie. Helga nimmt den Rucksack.

Es ist ein weiter Weg zum Bus. Es ist warm, und Karl und Werner schwitzen sehr. Alle fünf Minuten müssen sie eine Pause machen. Marion weint. Der Bus fährt um fünf Uhr los. Werden sie rechtzeitig zum Bus kommen?

Sie haben Glück. Auf halbem Weg treffen sie die anderen Jungen und Mädchen. Alle helfen. Die Jungen wechseln sich ab und tragen Marion zum Bus.

Endlich sehen sie den Bus. Marion ist sehr froh. Sie sagt:

„Danke, ihr seid alle sehr nett zu mir." Ganz besonders dankt sie ihrem Freund Karl und ihrem Bruder Werner.

Sie steigen alle in den Bus ein. Karl holt seine Gitarre und spielt Schlager und die neuesten Lieder der Hitparade. Die Jungen und Mädchen singen dazu. Marion hört auf zu weinen und singt jetzt auch.

Vokabeln

der Ausflug (⁻e)	excursion
einen Ausflug machen	to go on an excursion
hinten	at the back
sich beeilen	to hurry
aus/ziehen	to take off
sich verlaufen	to lose one's way
sich den Fuß verstauchen	to sprain one's ankle
sich sonnen	to sunbathe
das Zeichen (-)	sign, signal
der Unfall (⁻e)	accident

15

der Hals (¨e)	neck
sich ab/wechseln	to take turns
auf/hören	to stop (doing something)

A   Answer in German:
1. Um wieviel Uhr steigen Werner und Karl in den Bus ein?
2. Was nehmen die vier zu essen und zu trinken mit?
3. Wo sitzen die jungen Leute im Bus?
4. Wohin gehen die vier, um Mittag zu essen?
5. Warum gehen die beiden Mädchen zum Bus zurück?
6. Was machen Werner und Karl, während sie auf die Mädchen warten?
7. Warum gehen die Mädchen nicht zum Picknickplatz zurück?
8. Was für einen Unfall hat Marion?
9. Wie kommt sie zum Bus zurück?
10. Was spielt Karl auf seiner Gitarre?

B   Here are some reflexive verbs that occur in the text:

sich setzen	sich ausruhen
sich beeilen	sich sonnen
sich legen	sich freuen
sich verlaufen	sich abwechseln

Read the text again and write out the phrases in which these reflexive verbs occur.

C   Look at the example. Then complete the following sentences by putting in the missing endings and words.

ich sonne mich	ihr sonnt euch
du sonnst dich	sie sonnen sich
er, sie, es sonnt sich	Sie sonnen sich
wir sonnen uns	

1. Werner sonn＿＿ in der Mittagspause.
2. Die Kinder verlauf ＿＿ im Wald.
3. Du freu ＿＿ doch über die Schallplatte, nicht wahr?
4. Abends ruh ＿＿ ich ＿＿ gern aus.
5. Wir setz ＿＿ auf die Bank.
6. Ihr leg ＿＿ sofort ins Bett!

16

D Complete the following sentences:
1. Die Sonne scheint. Ich gehe zum Strand und _____.
2. Sie sind müde. Sie machen eine Pause und _____.
3. Du bekommst einen Brief. Du _____ sehr darüber.
4. Monika will essen. Sie _____ an den Tisch.
5. Er ist krank. Er _____ ins Bett.
6. Die Jungen und Mädchen kommen vom Weg ab. Sie _____.
7. Er hat nicht viel Zeit. Er _____.
8. Sie fahren die ganze Nacht durch und _____ _____ beim Fahren _____.

E Jochen is asking Else many questions, e.g., when is she going to wash the car? Make up Jochen's questions, using words from box 1, and Elke's answers, using words from both boxes:

Beispiel: Jochen: Wann wäschst du das Auto?
        Elke: Heute nachmittag wasche ich das Auto.

1	2
das Auto waschen	heute nachmittag
im Garten arbeiten	heute vormittag
einen Ausflug machen	am Sonntag
Tennis spielen	am Freitag abend
zu den Großeltern fahren	in einer Woche

F Elke's parents have made their plans for the next few weeks and months.

Beispiel: Jochen: Wann fahren deine Eltern nach Italien?
        Elke: Ende August fahren sie nach Italien.

1	2
nach Italien fahren	Ende August
ein Auto kaufen	nächsten Monat
eine Party geben	nächste Woche
nach Mexiko fliegen	nächstes Jahr
ins Theater gehen	nächsten Dienstag

G Jochen's life is more predictable. For example, Elke wants to know how often Jochen and his friend go swimming?

Beispiel: *Elke:* Wie oft geht ihr schwimmen?
Jochen: Einmal in der Woche gehen wir schwimmen.

1	2
schwimmen gehen	einmal in der Woche
mit dem Hund spazierengehen	zweimal am Tag
Schallplatten kaufen	einmal im Monat
in die Diskothek gehen	jeden Samstag
an die See fahren	dreimal im Jahr

4 Der geheimnisvolle Herr Schratt

Frau Knödelbaum trifft ihre Nachbarin auf der Treppe. Sie sagt: „Der neue Mieter ist ein merkwürdiger Mann. Er spricht nicht viel. Er sagt nur Guten Morgen und Guten Abend. Er schläft den ganzen Tag, und nachts ist er nie zu Hause. Ich möchte wissen, was er macht."

Toni hört seine Mutter. Er geht zu Werner und sagt: „Bei uns nebenan wohnt ein neuer Mieter. Er heißt Herr Schratt. Er hat viel Geld, aber er arbeitet nicht. Abends, wenn es dunkel ist, geht er aus dem Haus. Unter dem Arm trägt er eine große schwarze Tasche mit Werkzeug. Vielleicht ist er ein Einbrecher."

„Hm, das ist merkwürdig", sagt Werner. „Wollen wir sehen, was er macht?"

Die Jungen treffen sich um zehn Minuten vor neun vor Tonis Haus. Sie gehen auf die andere Straßenseite und warten. Fünf Minuten später öffnet sich die Haustür. Ja, es ist der geheimnisvolle Herr Schratt, und er trägt eine große Tasche. An der Ecke steht ein Polizist. Herr Schratt grüßt ihn: „Guten Abend. Wie dunkel es schon ist!"

„Ja, es ist eine dunkle Nacht", antwortet der Polizist. „Der Mond scheint gar nicht."

Kennt Herr Schratt den Polizisten? Trifft er denselben Polizisten jeden Abend hier an der Ecke? Werner und Toni finden es merkwürdig.

Herr Schratt geht jetzt zum Bahnhof, und die Jungen folgen ihm. Gott sei Dank, er kauft sich keine Fahrkarte. Er will also nicht mit dem Zug fahren. Nein, er geht zum Zigarettenautomaten und holt sich ein Päckchen Zigaretten.

Nun verläßt Herr Schratt den Bahnhof, und an der nächsten Kreuzung biegt er in den Stadtpark ein. Was will er so spät am Abend im Stadtpark machen?

Er geht zu einem großen alten Baum. Da brennt ein Licht. Die Jungen sehen jetzt einen zweiten Mann. „Aha!" denkt Werner. „Er arbeitet also nicht allein. Er trifft hier seinen Freund."

Die beiden Männer sprechen miteinander. „Komm, Werner", sagt Toni. „Wir gehen etwas näher. Vielleicht können wir hören, was die beiden sagen." Sie hören die Worte *aufpassen* und *vorsichtig sein.*

„Es stimmt also", denken die Jungen. „Es sind Einbrecher."
Was ist das? Herr Schratt zieht jetzt einen dunklen Overall an.
Dann kriecht er auf allen vieren im Gebüsch umher. In der Hand
hat er eine Taschenlampe. Der andere Mann hebt etwas Schweres
auf. Jemand stöhnt, Herr Schratt schimpft laut.

Die Jungen haben Angst. „Wir müssen zur Polizei", sagt Toni.
Die Jungen laufen schnell zum Bahnhof zurück. Dort ist eine
Polizeiwache. Zwei Polizisten kommen mit ihnen.

Sie gehen in den Stadtpark zu dem großen alten Baum. Alles
ist still. Herr Schratt und der andere Mann sind nicht mehr da.
Die Polizisten finden nur eine leere Zigarettenpackung.

Einer der Polizisten sagt: „Hier in der Erde ist ein Schacht.
Vielleicht sind sie da unten."

Plötzlich hören sie eine Stimme. Sie klingt ganz hohl und merkwürdig.

Der Polizist geht zum Schacht und ruft: „Kommen Sie sofort heraus!"

Nach einigen Minuten erscheint ein Kopf, und Herr Schratt steigt aus dem Schacht.

„Was machen Sie da?" fragt der Polizist scharf.

Herr Schratt antwortet: „Arbeiten!" Dann steckt er seine Hand in die Tasche und gibt dem Polizisten ein Papier.

Die beiden Polizisten sehen sich den Ausweis an und lachen.

Toni sagt: „Aber das ist der Einbrecher . . . " Jetzt lacht auch Herr Schratt.

Er zeigt Toni den Ausweis: „Mein Kollege und ich sind keine Einbrecher. Wir sind Ingenieure und kontrollieren die Gasrohre. Seid ihr jetzt sehr enttäuscht?"

Vokabeln

geheimnisvoll	mysterious
der Mieter (-)	tenant
merkwürdig	strange
kriechen	to crawl
auf/heben	to lift
stöhnen	to groan, moan
schimpfen	to swear
leer	empty
der Schacht (¨e)	manhole
die Stimme (-n)	voice
klingen	to sound
hohl	hollow
erscheinen	to appear
der Ausweis (-e)	identity card
das Rohr (-e)	pipe
enttäuscht	disappointed

A   Answer in German:
  1. Mit wem spricht Frau Knödelbaum?
  2. Was macht der neue Mieter am Tage?
  3. Was hat Herr Schratt in seiner großen schwarzen Tasche?
  4. Um wieviel Uhr verläßt Herr Schratt das Haus?
  5. Wo kauft Herr Schratt sich Zigaretten?
  6. Wo trifft er seinen Kollegen?

7. Wohin laufen die Jungen?
8. Warum können die Polizisten Herrn Schratt und den anderen Mann nicht finden?
9. Was zeigt Herr Schratt den Polizisten?
10. Was ist Herr Schratt von Beruf?

B Replace the words in **bold** print with the words in brackets:

1 *treffen*

    Beispiel   a) Wo trifft Roswitha ihren Freund?
                   b) Sie trifft ihn an der Straßenbahnhaltestelle.
a) Wo trifft Roswitha **ihre Freundin?**
    (ihr-Freund, ihr-Vater, ihre Schulfreunde, ihr-Englischlehrer, d- alte Dame, d- junge Engländerin)
b) Sie trifft sie (ihn) **vor dem Kino.**
    (an d- Straßenbahnhaltestelle, in d- Stadt, in d- Bus, auf d- Post, auf d- Straße, auf d- Tennisplatz)

2 *sich treffen*

    Beispiel   a) Wo treffen sich Herbert und Doris?
                   b) Sie treffen sich in dem Park.
a) Wo treffen sich **die Mädchen?**
    (Herbert und Doris, deine Eltern, die Matrosen, die Kinder, die beiden)
b) Sie treffen sich **im Schwimmbad.**
    (in d- Park, in d- Restaurant, an d- Hafen, auf d- Sportplatz, vor d- Bahnhof)

C   Adjectives (Nominative)

der merkwürdige Mann	ein merkwürdiger Mann
die merkwürdige Geschichte	eine merkwürdige Geschichte
das merkwürdige Buch	ein merkwürdiges Buch

Helga is packing her suit-case. She is so excited that she cannot find her clothes.

    Beispiel   *Helga:*   Wo ist das rote Kleid?
              Mutter: Dein rotes Kleid ist hier.

Helga: Wo ist das rote Kleid?
Wo ist der gelbe Anorak?
Wo ist die grüne Hose?
Wo ist das schwarze Halstuch?
Wo ist die weiße Bluse?
Wo ist das neue Nachthemd?
Wo ist der blaue Rock?

D Complete the sentences with the most appropriate adjectives from the list below, giving them their correct endings:

1. Der _____ Mieter heißt Herr Schratt.
2. Er ist ein _____ Mann.
3. Der Mond scheint nicht. Es ist eine _____ Nacht.
4. Eine _____ Stimme kommt aus dem Schacht.
5. Auf dem Tisch steht eine _____ Bierflasche.
6. Sein _____ Ausweis ist nicht in Ordnung.
7. Der _____ Polizist fängt den Einbrecher.
8. Unsere _____ Katze ist weggelaufen.
9. Mein _____ Bruder spielt am liebsten Fußball.
10. Unser _____ Nachbar gibt morgen eine Party.

alt, dunkel, neu, schwarz, leer, hohl, nett, klug, merkwürdig, klein.

E Complete these sentences by filling in the blank spaces with some of the words you have learned:

1. Er ruft mit lauter _____ .
2. Der Verletzte _____ vor Schmerzen.
3. Die Wohnung nebenan steht leer. Der neue _____ kommt erst nächste Woche.
4. Der Baum ist sehr alt und innen ganz _____ .
5. Vati schlägt sich mit dem Hammer auf den Finger, und er _____ sehr.
6. Das kleine Kind kann noch nicht laufen, aber es _____ auf allen vieren im Zimmer herum.
7. Monika ist sehr _____ , weil ihr Freund nicht kommen kann.
8. Der Bleistift liegt auf der Erde. Kannst du ihn bitte _____ .
9. Um Mitternacht _____ der Geist von Hamlets Vater.
10. Wir wollen das Baby Gabriele nennen. Der Name _____ so gut.

23

5 Vati hat Pech

Das Wetter ist schön, und Werners Eltern wollen am Sonntag einen Ausflug machen. Sie wollen nach Plön fahren. Dort gibt es viele Seen. Werner will seine Angelrute mitnehmen. Er geht in den Park und sammelt Regenwürmer.

Am Sonntag stehen Werner und seine Schwester Marion schon um 7 Uhr auf. Werner geht in die Küche und bringt seine Angelrute in Ordnung. Sein Vater kommt auch in die Küche. Er ist noch im Schlafanzug. Er hat Kopfschmerzen und will Tabletten nehmen. Dazu braucht er ein Glas Wasser. Er stellt das Glas auf den Tisch.

Werner sieht das Glas nicht. Er stößt mit der Angelrute gegen den Tisch. Das Glas fällt zu Boden und zerbricht.

Vati ist böse mit Werner. Er sagt: „Du darfst deine Angelrute nicht in der Küche reparieren." Da kommt Mutti in die Küche. „Ärgere dich nicht", sagt sie. „Scherben bringen Glück." „Nein", sagt Vati, „mir bringen sie kein Glück." Er bückt sich und will die Scherben aufheben. Da schneidet er sich den Fuß an einem Stück Glas. Sein Fuß blutet, und er schimpft. Mutti holt ein Pflaster und klebt es auf Vatis Fuß.

Vati zieht sich an. Marion hilft ihrer Mutter in der Küche. Sie kocht fünf Eier - Vati ißt gern zwei - und packt Brot, Wurst, Käse und Kartoffelchips in eine alte Keksdose. Sie sieht nicht, daß Werner sein Angelgerät und seine Regenwürmer auch in eine alte Keksdose einpackt.

Vati geht zum Auto. Der Motor will nicht anspringen. „Der Tag fängt ja schön an!" schimpft er. Er steigt aus dem Auto und macht die Motorhaube auf, stellt sie aber nicht richtig fest. Werner kommt und will seinem Vater helfen. Er stößt gegen die Motorhaube. Sie fällt seinem Vater auf die Hand. „Autsch!" Vati schreit laut und jagt Werner zum Teufel.

Endlich springt der Motor an. Es ist schon halb zehn. Marion holt noch schnell die Keksdose aus der Küche, und dann steigen auch Mutti und Werner ein.

Das Auto fährt jetzt gut. Die Sonne scheint warm, und alle sind durstig. Mutti hat Bier für Vati. Vati freut sich darüber. Da kommt ein Polizeiwagen, und Vati muß anhalten. „Im Dorf dürfen Sie nur 50 km/st fahren. Sie aber fahren 80 km/st. Das kostet 20 DM", sagt der Polizist. Vati bezahlt, und er ärgert sich sehr darüber. „Heute habe ich wirklich Pech."

Sie wollen weiterfahren, aber der Motor springt nicht an. Vati ärgert sich und schimpft. Er versucht es immer wieder, ohne Erfolg. Mutti sagt: „Dort drüben ist ein Picknickplatz mit Tischen und Bänken. Wollen wir uns da hinsetzen und etwas essen? Vielleicht springt der Motor dann an."

Vati sagt: „Das ist eine gute Idee. Ich bin hungrig. Es ist ja auch schon spät."

Werner trägt das Bier und die Limonade, und Marion nimmt die Keksdose. „Hast du auch Leberwurst mit?" fragt Vati. „Du weißt doch, die esse ich so gerne."

„Ja, natürlich", antwortet Marion.

Marion macht die Keksdose auf und schreit laut. In der Dose sind Werners Regenwürmer und sein Angelgerät. Sie haben die andere Dose mit dem Picknick in der Küche gelassen.

Vati ist wütend. Er nimmt die Regenwürmer und wirft sie auf

die Erde. Er will nach Hause zurück.

Dunkle Wolken kommen, und es fängt an zu regnen. Mutti, Werner und Marion laufen schnell zum Auto. Vati hat auch jetzt keinen Erfolg, das Auto springt nicht an. Vati muß im Regen zur nächsten Telefonzelle laufen und den ADAC anrufen. Vati hat natürlich keinen Regenmantel mit, und nach wenigen Minuten ist er ganz naß.

Sie brauchen nicht lange zu warten. Der ADAC-Mann kommt und repariert den Wagen. Mutti freut sich, daß sie jetzt nach Hause fahren können.

Es ist fünf Uhr, als sie zu Hause ankommen. Es regnet immer noch. Vati ist naß, und er friert. Er fühlt sich nicht wohl, er hat Kopfschmerzen, und er fängt an zu niesen. Mutti sagt: „Du hast wirklich viel Pech heute. Leg dich ins Bett, und ich bringe dir eine eine Tasse Tee und ein Brot mit Leberwurst".

„Ja", sagt Vati, „mit dem zerbrochenen Glas hat es angefangen. Scherben bringen mir kein Glück."

Vokabeln

Pech haben	to have bad luck
der Regenwurm (¨er)	earthworm
stoßen (stößt) gegen	to knock against
zerbrechen	to break
die Scherbe (-n)	bit of glass or pottery, fragment
sich bücken	to bend down
böse mit	cross with
die Kartoffelchips (pl)	potato crisps
das Angelgerät (-e)	fishing tackle
die Keksdose (-n)	biscuit tin
fest/stellen	to secure
zum Teufel jagen	to send to the devil
wütend	furious
der Erfolg	success
ADAC (Allgemeiner Deutscher Automobilclub)	German equivalent of AA
niesen	to sneeze

A   Answer in German:

1. Wohin wollen Werners Eltern einen Ausflug machen?
2. Warum geht Werner in den Park?
3. Was macht Vati in der Küche?
4. Warum holt Mutti ein Pflaster?
5. Wie verletzt Vati sich die Hand?
6. Warum stoppt der Polizist Vatis Auto?
7. Wo steht die Dose mit dem Picknick?
8. Wie ist das Wetter jetzt?

9. Wohin läuft Vati, und wen ruft er an?
10. Was macht Vati, als er nach Hause kommt?

B Which action will please and which will annoy Mother?
Write out the sentences into your exercise book, completing
them with either a) or b).

a) Mutti freut sich darüber.
b) Mutti ärgert sich darüber.

1. Werner zerbricht die Porzellanvase. Mutti . . . .
2. Vati schenkt ihr eine Kette zum Geburtstag. Mutti . . . .
3. Der Fernsehapparat ist kaputt.
4. Werner spielt seine Schallplatten zu laut.
5. Renate kommt erst nach Mitternacht nach Hause.
6. Renate steht früh auf und macht das Frühstück.
7. Werner fängt einen großen Fisch.
8. Das Auto will nicht anspringen, und Vati schimpft.
9. Werner arbeitet den ganzen Tag im Garten.
10. Vati kauft ein neues Auto.

C Separable Verbs

| an/ziehen | to put on | er zieht . . . an |
| auf/heben | to pick up | er hebt . . . auf |

Was macht Richard?
Use the appropriate expressions from the list below to help you
make up sentences showing what Richard is doing. The
expressions are listed in a jumbled order.

Beispiel Richard *zieht* seinen Mantel *an*, weil er nicht
frieren will.

1. _____ , weil er nicht frieren will.
2. _____ , weil das Buch auf dem Boden liegt.
3. _____ , weil er lieber zu Fuß geht.
4. _____ , weil er bestimmt bald Hunger hat.
5. _____ , weil es ein Liebesbrief an seine Freundin ist.
6. _____ , weil er frische Luft haben möchte.
7. _____ , weil der Zug gleich losfährt.

28

8. _____ , weil er mit ihr ausgehen möchte.
9. _____ , weil er am Sonntag nicht zur Arbeit gehen muß.
10. _____ , weil er gern mitfahren möchte.

    a) Mantel anziehen
    b) schnell in den Zug einsteigen
    c) aus dem Bus aussteigen
    d) Freundin anrufen
    e) am Sonntag spät aufstehen
    f) den blauen Mercedes anhalten
    g) Buch aufheben
    h) das Fenster aufmachen
    i) sofort mit dem Brief anfangen
    j) ein Käsebrot einpacken

D   Rudolf asks Cornelia about her daily routine. Make up
    Rudolf's questions, using words from boxes 1, 2 and 3 and
    Cornelia's answers, using words from boxes 2, 3 and 4.

Beispiel   *Rudolf:*   Wann *stehst* du jeden Morgen *auf?*
          Cornelia: Ich *stehe* jeden Morgen um 7 Uhr *auf.*

[1]	[2]	[3]	[4]
wann	aufstehen	jeden Morgen	um 7 Uhr
was	anziehen	im Sommer	eine rote Jacke
in welchen Bus	einsteigen	um 8 Uhr	in den Bus Nummer 24
wann	anfangen	mit der Arbeit	um halb neun
wen	anrufen	in der Mittagspause	meinen Freund
wann	aufhören	mit der Arbeit	um 5 Uhr
was	einkaufen	am Abend	Brot und Milch
wann	zurückkommen	nach Hause	um 6 Uhr

6 Die See ist gefährlich

Karl will mit der Clique an der Ostsee zelten. Es ist das erste Mal, daß er allein mit der Clique an die See fahren darf. Sein Vater sagt, er muß vorsichtig sein. Nach dem Essen darf er nicht sofort schwimmen. Er darf nicht schwimmen, wenn die rote Fahne weht. Er muß dicht am Ufer bleiben.

Die Jungen wollen eine Woche in Dahme zelten. Dahme liegt an der Ostsee. Sie wollen mit dem Rad dorthin fahren.

Es ist zehn Minuten vor acht. Karl steht in der Küche und packt seinen Rucksack. Mutti macht Kartoffelsalat für die Jungen; den packt er ein und auch noch Brot und Käse.

Es klingelt. Draußen stehen Mark und Toni. Jetzt kommt auch Werner. Werner kann nur langsam fahren, denn er hat das Zelt auf seinem Rad. Karl sagt zu ihm: „Gib mir deinen Rucksack, Werner; und Mark kann deinen Schlafsack nehmen. Dann hast du nicht zu viel auf deinem Rad."

Um Viertel nach acht fahren die Jungen los. Es ist ein weiter Weg bis nach Dahme. Toni wird bald müde und möchte eine Pause machen. Werner gibt ihm ein Stück Schokolade und sagt: „Wir können doch jetzt nicht schon anhalten. Dann erreichen wir die Ostsee ja nie."

Mittags kommen sie an einem Würstchenstand vorbei. Sie steigen von ihren Rädern und kaufen Bratwurst und Pommes frites und natürlich auch Limonade. Sie sind ja nicht nur hungrig, sondern auch durstig.

Sie fahren weiter nach Dahme und sind am Nachmittag auf dem Campingplatz bei Herrn Runkel. Werner und Toni bauen das Zelt auf. Karl und Mark machen das Essen. Sie braten Fisch, Fisch aus der Ostsee natürlich, und dazu gibt es den Kartoffelsalat von Karls Mutter. Es schmeckt ihnen allen sehr gut.

Es ist schon spät. Toni und Werner sind müde, aber Karl und Mark wollen noch zum Strand gehen. Es ist nicht weit. Sie gehen durch die Dünen, und dann sehen sie die Ostsee vor sich. Es ist schön am Strand. Um diese Zeit ist kein Mensch mehr zu sehen. Alles ist so ruhig.

Aber was ist das? Ruft da nicht jemand? Sie hören es wieder: „Hilfe! Hilfe!"

Toni sagt: „Da ist jemand draußen im Wasser. Siehst du, da links."

„Ja", sagt Karl. „Das ist ein Junge auf einer Luftmatratze. Er kann bestimmt nicht zurück."

Was sollen sie machen? Karl ist ein guter Schwimmer. Er will versuchen, zu dem Jungen zu schwimmen. Mark läuft zum Campingplatz zurück und holt Hilfe.

Karl ruft laut: „Ich komme." Er schwimmt so schnell er kann. Ein kleiner Junge sitzt auf der Luftmatratze und paddelt mit den Händen. Endlich ist Karl bei ihm. „Halte dich gut fest", sagt Karl. „Ich will versuchen, mit der Luftmatratze ans Ufer zu schwimmen." Die Strömung ist sehr stark. Karl und der Junge treiben weiter vom Land ab.

Mark läuft sofort zum Büro des Campingplatzes. „Schnell! Schnell!" ruft er. „Ein Junge ist im Wasser. Er kann nicht zurück." Herr Runkel springt auf und läuft zum Telefon. Er ruft den Rettungsdienst an. Das Rettungsboot fährt sofort los.

Mark läuft zum Strand zurück. Toni und Werner und viele andere Menschen kommen mit.

Karl schwimmt immer noch gegen die Strömung an. Er wird müde. Der Junge auf der Luftmatratze hat große Angst. Da hören sie den Motor des Rettungsboots. Sie rufen laut und winken. Das Boot steuert auf die Luftmatratze zu. Jetzt ist es bei ihnen. Zwei Männer ziehen Karl und den Jungen ins Boot. Der Junge heißt Jochen. Er ist noch klein, sieben Jahre ist er alt. Die Männer wickeln Karl und Jochen in Decken ein. Karl sagt: ,,Vielen Dank. Sie haben uns das Leben gerettet."

Mark, Toni und Werner stehen am Ufer und begrüßen Karl laut. Jochens Vater steht auch am Ufer. Er bedankt sich bei Karl und fährt dann mit Jochen ins Krankenhaus. Jochen muß über Nacht dort bleiben.

Karl geht mit den anderen Jungen zum Campingplatz zurück. Er ist erschöpft aber froh. Er denkt: Vati hat recht. Die See ist gefährlich. Die Strömung ist so stark. Ich bleibe bestimmt immer dicht am Ufer.

Vokabeln

die Clique (-n)	gang
zelten	to camp
die Fahne (-n)	flag
dicht an	close to
das Ufer (-)	shore
der Würstchenstand (-̈e)	street stall selling hot dogs, etc.
braten (er brät)	to fry
auf/bauen	to put up, pitch
der Strand (-̈e)	beach
jemand	someone
die Düne (-n)	dune
die Luftmatratze (-n)	airbed
die Strömung (-en)	current
ab/treiben	to drift off
das Rettungsboot (-e)	lifeboat
der Rettungsdienst	rescue service
retten	to save, rescue
erschöpft	exhausted

A Answer in German
1. Wohin wollen die Jungen fahren?
2. Wo wollen die Jungen schlafen?
3. Wo halten sie mittags an, und was essen sie?

4. Wann kommen sie auf dem Campingplatz an?
5. Was essen sie zu dem Kartoffelsalat?
6. Wohin gehen Karl und Mark am Abend?
7. Wer ist draußen im Wasser und ruft um Hilfe?
8. Was macht Karl, und was macht Mark?
9. Warum kann Karl nicht zurück ans Ufer schwimmen?
10. Wer kommt und rettet Jochen und Karl?

B

du darfst	you may
du darfst nicht	you must not

Heike wants to lose weight. Her doctor tells her what she may and what she must not eat. Write out their conversation by replacing the words in **bold** print with the words from the list below.

Beispiel Heike: Ich esse **Obst** sehr gern.
Arzt: Ja, **Obst** darfst du essen.

Heike: Ich esse **Schokolade** sehr gern.
Arzt: Nein, **Schokolade** darfst du nicht essen.

Käse, Wurst, Kuchen, Joghurt, Eis, Bonbons, Mohrrüben, Salat, Pudding, Kartoffeln.

C

du mußt . . .	Sie müssen . . .
du darfst . . .	Sie dürfen . . .

Frau Hansen has planned the week ahead for her daughter Ute and Fräulein Annegret, the 'au pair'.

Beispiel
Ute, am Sonntag darfst du eine Radtour mit Lutz machen; und Sie, Annegret, müssen das Mittagessen kochen.
Ute, am Montag mußt du auf deine Geschwister aufpassen; und Sie, Annegret, dürfen ins Kino gehen.

September	*Ute*	*Fräulein Annegret*
11 Sonntag	eine Radtour mit Lutz machen	das Mittagessen kochen
12 Montag	auf deine Geschwister aufpassen	ins Kino gehen
13 Dienstag	zum Zahnarzt gehen	im Garten arbeiten
14 Mittwoch	fernsehen	Tennis spielen
15 Donnerstag	einen Brief an Oma schreiben	die Fenster putzen
16 Freitag	das Auto waschen	Schallplatten hören
17 Samstag	eine Party geben	einen Kuchen backen

D | *ihr müßt . . .* | *ihr dürft nicht . . .* |

What did Karl's father tell the boys? Change each sentence according to the example below to find out.

Beispiel
Wir sind bestimmt vorsichtig beim Baden. (*The boys*).
Ihr müßt vorsichtig beim Baden sein. (*Karl's father*).

1. Wir sind bestimmt vorsichtig beim Baden.
2. Wir trinken ganz bestimmt nicht so viel Bier.
3. Wir sind bestimmt nicht so laut auf dem Campingplatz.
4. Wir besuchen bestimmt Tante Cornelia.
5. Wir schenken ihr bestimmt ein paar Blumen.
6. Wir essen ihr bestimmt nicht den ganzen Kuchen auf.

E Helmut is asking Lotte about her brother's plans. Make up Helmut's questions, using words from boxes 1 and 3, and Lotte's answers, using words from all three boxes.

Beispiel   *Helmut:*   Fährt Richrd im Sommer an die See?
        Lotte: Ja, er fährt im Sommer mit Freunden an die See.

1	2	3
im Sommer	mit Freunden	an die See
im Winter	zum Skilaufen	in die Berge
in den Ferien	mit dem Auto	nach Spanien
nächste Woche	mit seinem Vater	nach München
im Juli	mit der Schule	ins Ausland
im Herbst	mit dem Bus	zu seinen Großeltern

F Mechthild wants to go away, but Rolf does not find her suggestions very exciting. Make up Mechthild's questions and Rolf's answers, using words from the boxes below.

Beispiel   *Mechthild:*   Können wir im Sommer an die Ostsee fahren?
              Rolf: Aber wir sind doch jeden Sommer an der Ostsee.

im jeden	Sommer	an die an der	Ostsee
am jeden	Sonntag	an den am	Rhein
dieses jedes	Wochenende	in die in den	Berge (n)
dieses jedes	Jahr	in die in der	Schweiz
nächste jede	Woche	nach in	Paris
im jeden	Winter	nach in	Italien

7 O diese Mädchen!

Werner liegt noch im Bett. Er schläft immer am längsten, und heute hat er gar keine Lust, aufzustehen. Da kommt seine Schwester Marion in sein Zimmer und zieht ihm die Bettdecke weg.

Werner will schlafen. ,,Laß mich in Ruhe!" schreit er. Aber Marion zieht ihn jetzt am Fuß. Werner hat schlechte Laune. Er wird wütend. Er nimmt seinen Schuh und wirft ihn nach seiner Schwester. Aber Marion ist schneller als er und duckt sich. Sie schreit, und Werner schreit auch; er schreit lauter als seine Schwester.

Da kommt Mutter ins Zimmer. Sie ist aber nicht böse. Sie lacht nur und sagt: „Wie alt seid ihr denn, ihr beiden? Müßt ihr euch immerzu streiten?" Dann wird sie etwas ernster: „Steh jetzt auf, Werner. Es ist schon spät. Am besten du gehst nachher gleich einkaufen. Und du, Marion, komm und hilf mir in der Küche."

Nach dem Frühstück setzt sich Werner aufs Sofa und liest seinen Krimi. Marion nimmt ihm das Buch weg. „Du mußt doch einkaufen gehen", sagt sie.

„Gib mir sofort das Buch zurück", schreit Werner.

Da kommt Mutter mit der Einkaufsliste. „Hier, Werner, geh jetzt einkaufen, und nimm dir 20 Mark aus meinem Portemonnaie."

Als Werner zurückkommt, sitzt Marion auf dem Sofa und liest Werners Buch. Werner setzt sich neben sie und ißt eine Tafel Schokolade. „Mm! Nußschokolade, die esse ich am liebsten. Kann ich bitte ein Stück haben?" Aber Werner will seiner Schwester nichts von der Schokolade abgeben. Da wird Marion wütend. Sie nimmt ihm die Schokolade weg und läuft damit um den Tisch. Sie will Werner die Schokolade nicht zurückgeben.

Da sieht Werner Marions neuste Schallplatte. Er nimmt sie. „Leg sie sofort wieder hin!" schreit Marion.

„Gib mir die Schokolade zurück!" sagt Werner.

Mutter schimpft: „Ich habe genung von euch beiden! Werner, du bist der ältere und solltest klüger sein. Am besten gehst du jetzt in den Park."

Mutter ist böse, und Werner denkt, es ist besser, wenn ich jetzt gehe.

Was soll er machen? Seine Freunde haben jetzt keine Zeit. Karl hilft seinem Vater im Geschäft, Toni trägt Zeitungen aus, und Mark ist bestimmt bei seinem Großvater.

Werner geht in den Park, Da sieht er ein Mädchen auf einem Baum sitzen. Es ist Helga. Sie lacht ihn an: „Siehst du, da oben im Baum ist mein Ball. Ich will ihn herunterholen. Komm, Werner, hilf mir dabei."

Werner klettert auf den Baum. Bald hat er den Ball, aber er klettert weiter, bis nach oben. Helga folgt ihm. Sie klettert höher und höher, sie hat keine Angst. Marion kann nicht gut klettern. Aber Helga kann so gut klettern wie Werner. „Warum ist Helga nicht meine Schwester?" denkt Werner.

Helga hat Brot bei sich. „Komm, wir laufen zum See und

füttern die Enten", schlägt sie vor. Werner ist einverstanden.
Helga sieht hübsch aus. Sie ist nicht so groß wie Marion, aber sie
ist schlanker, und ihr Haar ist länger. Sie laufen schnell und sind
bald am See. Sie werfen den Enten das Brot zu. Werner sieht
einen Fisch. „Schade, daß ich meine Angelrute nicht bei mir
habe", sagt er. Helga sagt, daß sie auch gern angelt. Marion

findet angeln langweilig. ,,Warum angelt Marion nicht so gern
wie Helga?" denkt Werner.

Dann gehen beide nach Hause. Werner sagt: ,,Ich will morgen
mit meinen Freunden angeln gehen. Komm doch mit, Helga!"

Werner hat jetzt keine schlechte Laune mehr. Als er nach
Hause kommt, gibt er Marion ein Stück Schokolade und sagt:
,,Mutti, kann ich den Tisch für dich decken?"

Mutti und Marion wundern sich. Ist Werner krank?

Vokabeln

Lust haben	to like to
weg/ziehen	to pull off
die Bettdecke (-n)	quilt
laß mich in Ruhe!	leave me alone!
ziehen	to pull
schlechte Laune haben	to be in a bad mood
ducken (sich . . .)	to duck
ernst	serious
nachher	afterwards
der Krimi (-s)	thriller
das Portemonnaie (-s)	purse
aus/tragen (Zeitungen . . .)	to deliver (newspapers . . .)
so . . . wie	as . . . as
decken (den Tisch . . .)	to lay (the table)

A   Answer in German
1. Wer liegt morgens länger im Bett, Werner oder Marion?
2. Was muß Werner nach dem Frühstück machen?
3. Wieviel Geld nimmt er mit?
4. Was für Schokolade ißt Marion am liebsten?
5. Ist Marion genau so alt wie Werner?
6. Wo sieht Werner Helga?
7. Was holt Werner vom Baum herunter?
8. Womit füttern sie die Enten?
9. Wer ist größer, Marion oder Helga?
10. Was will Werner morgen machen?

B You are working in the information office in Hamburg. First, tell Peter what he could do in Hamburg.

Beispiel Peter, *fahr* mit dem Bus zum Hafen.

mit dem Bus zum Hafen *fahren*
eine Hafenrundfahrt *machen*
nicht ins Wasser *fallen*
mittags eine Bratwurst *essen*
abends ins Kino *gehen*

Carola und Udo wonder how they could spend their time. Now you can help them.

Beispiel Carola und Udo, *steigt* am Vormittag auf den Fernsehturm.

am Vormittag auf den Fernsehturm *steigen*
im Park die Seehunde *füttern*
die Schiffe im Hafen *fotografieren*
nachmittags im See *schwimmen*
abends ins Kino *gehen*

Finally, Frau Klackmann would like to hear your advice.

Beispiel Frau Klackmann, *kaufen Sie* zuerst einen Stadtplan.

zuerst einen Stadtplan *kaufen*
das Museum *besuchen*
im skandinavischen Restaurant *essen*
sich Geschäfte *an/sehen*
abends ein Glas Wein *trinken*

Altbayerisches Gasthaus

Am Schloß

Studentenkarte

Speisen		DM
Portion Pommes frites		1. 50
Wurstbrot		3. 00
Gulaschsuppe		3. 00
Leberkäs mit Kartoffelsalat		3. 20
Käsebrot		3. 20
Schinkenbrot		3. 50
Lachsbrot		3. 50
Currywurst mit Reis		3. 50
1 Paar Frankfurter Würstchen mit Sauerkraut		3. 50
Currywurst mit Pommes frites		3. 80
Schaschlik mit Pommes frites		4. 00
Kotelett mit Pommes frites und gem. Salat		6. 80
Wiener Schnitzel mit Salat		6. 90

Alkoholfreie Getranke

Coca-Cola	0,2 1.	1. 40
Apfelsaft	0,2 1.	1. 60
Orangensaft	0,2 1.	1. 80
Schwarzer Johannesbeersaft	0,2 1.	2. 00
Tonic Water	0,2 1.	2. 00
Bitter Lemon	0,2 1.	2. 00

Warme Getranke

Glas Tee	1. 30
Tasse Schokolade	1. 40
Tasse Kaffee	1. 40

Die Preise sind inklusive Bedienung und 11% Mehrwertsteuer.

Vokabeln

der Leverkäs	meat loaf	das Kotelett (-s)	pork chop
der Schinken	ham	das Schnitzel (-)	cutlet
der Lachs	salmon	der schwarze	blackcurrant
der Schaschlik	kebab	Johannesbeersaft	juice

C. Look at the menu opposite. The words above will help you to read it.

1 Rudi does not have much money, so he carefully studies the menu comparing the prices.

Complete the sentences by inserting one of the following expressions:

so teuer wie   billiger als   teurer als

Beispiel
Das Wurstbrot ist so *teuer wie* die Gulaschsuppe.

1. Das Wurstbrot ist _____ die Gulaschsuppe.
2. Coca-Cola ist _____ Apfelsaft.
3. Das Kotelett ist _____ ein Paar Frankfurter Würstchen.
4. Das Kotelett ist _____ Wiener Schnitzel.
5. Lachsbrot ist _____ ein Wurstbrot.
6. Currywurst mit Reis ist _____ eine Currywurst mit Pommes frit
7. Leberkäs mit Kartoffelsalat ist _____ ein Käsebrot.
8. Bitter Lemon ist _____ Orangensaft.
9. Schwarzer Johannesbeersaft ist _____ Tonic Water.
10. Tee ist _____ Kaffee.

2 What do you think Rudi would order? Answer the questions below:

1. Was ist am billigsten?
2. Was ist am teuersten?
3. Was schmeckt ihm am besten,
   a) wenn er großen Hunger hat?
   b) wenn er nicht hungrig ist?
4. Was trinkt er am liebsten
   a) zum Mittagessen?
   b) am Nachmittag?
5. Welches Getränk ist am billigsten?

3 Heike does not like the Old Bavarian Inn. She much prefers the "Parkhotel". What does she say?

Beispiel   *Rudi:*   Ist dir der Apfelsaft kalt genug?
           Heike: Nein, der Apfelsaft im Parkhotel ist kälter.

Rudi: Ist dir der Apfelsaft kalt genug?   *Heike:*   ....
Rudi: Ist dir die Gulaschsuppe heiß genug?   *Heike:*   ....
Rudi: Sind dir die Würstchen lang genug?   *Heike:*   ....
Rudi: Ist dir der Senf scharf genug?   *Heike:*   ....
Rudi: Ist dir der Kaffee stark genug?   *Heike:*   ....
Rudi: Schmeckt dir das Sauerkraut gut?   *Heike:*   ....
Rudi: Gefällt dir das 'Altbayerische Gasthaus' gut?   *Heike:* ....

4 **Rätsel**

Can you work it out?

a) Was ißt Elfriede?
Es ist billiger als das Wiener Schnitzel, aber es ist teurer als das Lachsbrot. Es kostet genau so viel wie zwei Flaschen Bitter Lemon.
b) Was trinkt Richard, und was trinkt Norbert?
Sie bezahlen zusammen DM 2,90. Norberts Getränk ist heißer als Richards, Richards Getränk ist teurer als Norberts.
Richards kostet halb so viel wie ein Käsebrot. Norbert trinkt seins am liebsten mit Zitrone.

2. Apfelsaft und Tee
1. Schaschlik

D. Giving instructions!
Use the expressions in the box (they are not listed in the correct order) to make up the appropriate instructions.

Beispiel
   1. Ich kann *Sie* nicht hören. *Sprechen Sie* bitte lauter!
   2. Hörst *du*, es klingelt. *Mach* bitte die Tür auf!

1. Ich kann Sie nicht hören.
2. Hörst du, es klingelt.

3. Das Auto ist schmutzig, Peter.
4. Meine Schuhe sind kaputt, Helga.
5. Der Junge ist durstig, Frau Hameln.
6. Wir haben kein Brot mehr, Kurt und Heike.
7. Ich habe meine Tasche im Auto liegengelassen, Herr Kunze.
8. Es ist noch viel Kuchen da, Bert und Inge.
9. Sie fahren zu schnell.
10. Ihr Glas ist ja leer.

a. das Auto waschen
b. ihm Limonade geben
c. lauter sprechen
d. noch ein Glas Wein trinken
e. noch mehr Kuchen nehmen
f. meine Schuhe zum Schuhmacher bringen
g. die Tür aufmachen
h. langsamer fahren
i. meine Tasche holen
j. ein Brot kaufen

8 Helga im Tiergeschäft

Helga will ihrer Großmutter eine Katze schenken. Es ist nicht leicht, eine schwarze Katze mit weißen Pfoten zu bekommen. Aber es muß eine schwarz-weiße Katze sein. Mieze, die Katze ihrer Großmutter, hatte weiße Pfoten. Sie ist vor ein paar Tagen von einem Auto überfahren worden. Es war schrecklich. Deshalb will Helga ihrer Großmutter jetzt eine neue Katze kaufen.

Helga geht zuerst zum Tierarzt. Der Tierarzt ist ein Freund von ihrem Vater, und er hat oft Katzen. Der Tierarzt kann Helga nicht helfen. Er hat nur eine siamesische Katze, aber keine schwarze Katze mit weißen Pfoten. Helga geht dann zu Herrn Stuck. Herr Stuck hat ein Tiergeschäft. Sie kennt Herrn Stuck gut, denn sein Sohn Karl ist ein Freund von ihr. Herr Stuck hat

im Augenblick keine schwarze Katze mit weißen Pfoten. Er sagt:
„Warte ein paar Tage, Helga. Mein Nachbar hat fünf junge
Kätzchen. Er will sie verkaufen. Zwei sind grau, und die anderen
sind weiß und schwarz."

Herr Stuck hat viel zu tun. „In den Ferien hilft mir gewöhnlich
mein Sohn Karl", sagt er. „Aber Karl ist mit Freunden an der
Ostsee. Sie zelten dort."

Helga überlegt: „Kann ich Ihnen vielleicht helfen, Herr Stuck?
Ich habe ja jetzt auch Ferien, und wir fahren in diesem Sommer
nicht weg."

„Na, das wäre wirklich nett. Du bist ja alt genug und darfst
einen Ferienjob haben. Kannst du morgen früh um 8 Uhr
anfangen?"

Helga geht nach Hause und fragt ihre Eltern. Ihre Eltern sind
einverstanden.

Helga arbeitet gern im Geschäft. Sie mag alle Tiere gern, nur die Ratten nicht. Jeden Morgen füttert sie die Fische. Dann gibt sie den Kaninchen Kohl und den Schildkröten Salat. Die Hunde bekommen Milch. Es sind fünf junge Pudel. Sie sind erst sechs Wochen alt. Helga spielt gerne mit ihnen.

Sie hat aber jetzt nicht viel Zeit. Sie muß noch die Dosen mit Hundefleisch auspacken und auf die Regale stellen. ,,Schwupp-de-wupp schmeckt allen Hunden!'' steht auf der Dose. Sie stellt *Schwupp-de-wupp* neben *Kitte-kat* das Katzenfutter.

Ein dicker Mann kommt ins Geschäft. Er möchte einen Hund haben. Herr Stuck zeigt ihm die Pudel. Die Hunde gefallen ihm sehr. Er kauft Pfiffikus, den kleinen frechen Pudel, den Helga am liebsten mag. Helga gibt ihm noch drei Dosen Schwupp-de-wupp.

Herr Stuck muß zur Bank gehen, und Helga ist allein im Geschäft. Zuerst kommt ein kleines Mädchen, die einen roten Pullover und Jeans anhat. Sie möchte zwei Goldfische kaufen. Mit einem Netz holt Helga die Fische aus dem Aquarium. Das Mädchen hilft ihr dabei. Sie sagt: ,,Ich möchte diese beiden Fische haben. Das sind die größten.''

Dann kommt ein Junge mit einer schwarzen Lederjacke. Er möchte eine Ratte haben. ,,I gitt!'' sagt Helga. ,,Ich kann Ratten nicht leiden. Kannst du dir die Ratte wohl selbst aus dem Käfig holen?''

,,Natürlich'', sagt der Junge. Er steckt seine Hand in den Käfig und holt eine kleine braune Ratte mit einem sehr langen Schwanz heraus. Die Ratte beißt ihn, und er läßt sie los. Die Ratte springt auf das Regal, wo die Dosen mit Hundefleisch stehen. Der Junge läuft hinter der Ratte her. Bums! eine Dose Schwupp-de-wupp fällt zu Boden, dann eine zweite, dritte und vierte. Jetzt liegt die ganze Reihe unten. Welch ein Lärm! Endlich fängt der Junge die Ratte. Gott sei Dank!

Helga gibt ihm schnell einen Karton, und er packt die Ratte hinein. Die Ratte kostet 5,20 DM. Der Junge bezahlt und verläßt das Geschäft. Helga ist froh.

Herr Stuck kommt zurück. Er lacht laut, als Helga ihm die Geschichte von der Ratte erzählt. Dann sagt er zu Helga: ,,Draußen in meinem Auto ist ein roter Karton. Hole mir den doch bitte!''

Helga geht zum Auto und nimmt den Karton heraus. ,,Miau! miau!'' Ein kleines schwarzes Kätzchen sitzt im Karton und

sieht sie an. Es hat ganz weiße Pfoten. Wie niedlich es aussieht!
Helga nimmt das Kätzchen und läuft zu Herrn Stuck. „Ja", sagt
er, „das Kätzchen ist für dich."

Am Abend geht Helga zu ihrer Großmutter und gibt ihr den
roten Karton. Ihre Großmutter freut sich sehr. Das Kätzchen
sieht genau so wie Mieze aus.

Vokabeln

das Tiergeschäft (-e)	pet shop
leicht	easy
die Pfote (-n)	paw

überfahren	to run over
der Tierarzt (⸚e)	veterinary surgeon
gewöhnlich	usually
überlegen	to consider, think about
einverstanden sein	to agree
füttern	to feed
das Kaninchen (-)	rabbit
die Schildkröte (-n)	tortoise
das Regal (-e)	shelf
i gitt!	exclamation of disgust
der Käfig (-e)	cage
der Schwanz (⸚e)	tail
der Karton (-s)	box
niedlich	lovely, sweet

A   Answer in German:

1. Was möchte Helga ihrer Großmutter schenken?
2. Wie muß die Katze aussehen?
3. Von wem kann Herr Stuck fünf Kätzchen bekommen?
4. Wo ist Karl Stuck zur Zeit, und was macht er dort?
5. In was für einem Geschäft will Helga arbeiten?
6. Welche Tiere muß Helga jeden Morgen füttern?
7. Was verkauft Herr Stuck dem dicken Mann?
8. Was kauft das Mädchen im roten Pullover?
9. Warum holt Helga die Ratte für den Jungen nicht selbst aus dem Käfig?
10. Was macht so großen Lärm?

B   Peter, a newspaper reporter, wants to find out if the famous actress Valentina is fond of animals. It is his first interview and a colleague suggests the questions he might want to ask.

Beispiel
1. Frag Valentina, ob sie Haustiere hat.
Peter: Haben Sie Haustiere?
Valentina: Ja, ich habe einen Hund. Er heißt Ottokar.

2. Frag sie, ob sie Katzen gern mag.
Peter: Mögen Sie . . . .
Valentina: . . . .

49

3. Frag sie, ob sie gern in den Zoo geht.
Peter: . . . .
Valentina: . . . .
4. Frag sie, ob sie morgens um 6 Uhr die Vögel hört.
Peter: . . . .
Valentina: . . . .
5. Frag sie, ob sie die Vögel im Garten füttert.
Peter: . . . .
Valentina: . . . .
6. Frag sie, ob sie in den Ferien auf einer Farm war.
Peter: . . . .
Valentina: . . . .
7. Frag sie, ob sie letzte Woche im Zirkus war.
Peter: . . . .
Valentina: . . . .
8. Frag sie, ob sie reiten kann.
Peter: . . . .
Valentina: . . . .

C *Da stimmt etwas nicht!*
The animals got all mixed up. Can you sort them out?

Beispiel
Die Ente springt von Baum zu Baum und sammelt Nüsse.
Das Eichhörnchen springt von Baum zu Baum und sammelt Nüsse.

1. **Die Ente** springt von Baum zu Baum und sammelt Nüsse.
2. **Das Kaninchen** meiner Schwester ist grün und fliegt im Käfig herum.
3. **Das Eichhörnchen** legt ein Ei und gackert laut.
4. **Die Biene** macht 'wau-wau' und wedelt mit dem Schwanz.
5. Die Kinder gehen zum Teich und füttern **die Kühe.**
6. In Indien kann man auf **einem Wellensittich** reiten.
7. Jeden Morgen steht der Bauer früh auf, um **die Hunde** zu melken.
8. Mein Onkel hat **ein großes schwarzes Huhn**, das gern Mäuse fängt.
9. Meine Mutter ist böse, weil **die Elefanten** ihr den Kohl im Garten auffressen.
10. **Die Katzen** sind fleißig und sammeln Honig.

D *von (dative)*
Animals are useful. What do we get from them?

Beispiel Die Kuh ist nützlich.
         Von der Kuh bekommen wir Milch.

1. Die Kuh ist nützlich.   _____.
2. Das Schwein ist nützlich.   _____.
3. Das Schaf ist nützlich.   _____.
4. Das Huhn ist nützlich.   _____.
5. Die Biene ist auch nützlich.   _____.

E *Gib dem Hund* (dative) *den Knochen* (accusative).
Helga wants to know what kind of food to give the animals. Use
the diagram below to construct the questions and answers.

Beispiel
Helga: Was muß ich dem Wellensittich geben?
Herr Stuck: Gib *dem Wellensittich das Vogelfutter.*

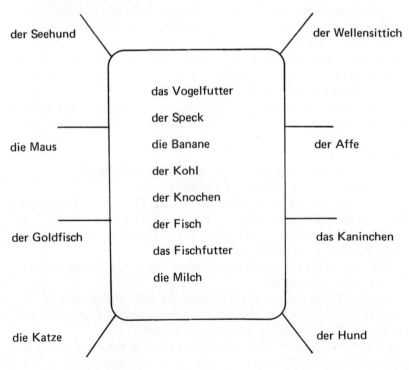

der Seehund   der Wellensittich

das Vogelfutter

der Speck

die Maus   die Banane   der Affe

der Kohl

der Knochen

der Fisch

der Goldfisch   das Fischfutter   das Kaninchen

die Milch

die Katze   der Hund

9 Ein Unfall

Doktor Baumgartner, der Arzt, sitzt im Auto. Er macht
Krankenbesuche. Seine Tochter Helga fährt mit. Sie besuchen
den Bauern Wocker. Herr Wocker hat Diabetes, und der Arzt
gibt ihm eine Injektion. Helga und ihr Vater sagen Auf
Wiedersehen, und sie wollen ins Auto einsteigen. Da kommt ein
Motorradfahrer die Straße entlang. Er bremst scharf und ruft:
„Der Traktor ist in der Kurve umgekippt. Schnell, es sieht
schlimm aus."
    Doktor Baumgartner springt in den Wagen und fährt los.
Helga hat noch nicht die Tür zu. Doktor Baumgartner fährt sehr
schnell.
    Jetzt sind sie an der Unfallstelle. Der Traktor ist im Graben.
Der Fahrer Franz liegt bewußtlos auf der Erde. Martin, der
andere Mann, sitzt am Straßenrand. Sein Arm ist gebrochen, und
sein Kopf blutet. Er sagt: „Gott sei Dank, daß Sie hier sind,
Doktor. Sehen Sie sich zuerst Franz an. Er bewegt sich nicht."
    Doktor Baumgartner kniet sich neben den Fahrer auf die
Straße hin. Franz hat eine große Wunde am Kopf. Er untersucht
die Wunde. Er sagt zu Helga: „Wir müssen Martins Arm schienen.
Wir brauchen zwei Stöcke. Hier ist mein Taschenmesser. Hole
doch bitte zwei Stöcke."
    Helga schneidet zwei Äste vom Baum. „Autsch!" So ein Pech!
Sie schneidet sich in die Hand. Es blutet stark. Ihr Vater gibt
ihr einen Verband. „Kannst du dir die Hand allein verbinden?"
fragt er.
    „Ja, natürlich", antwortet Helga. Die Wunde scheint tief zu
sein, aber sie hat jetzt keine Zeit dafür.
    „Soll ich Martins Arm schienen?" fragt Helga ihren Vater. „Ja,
hole dir eine elastische Binde aus meinem Wagen."
    Helga geht zu Martin. „Tut Ihr Arm sehr weh?" fragt sie. „Es
geht. Sie sind sehr vorsichtig."
    Ein Auto kommt, und Herr Wocker steigt aus. Er schimpft.
Sein Traktor ist kaputt.
    Doktor Baumgartner sagt: „Seien Sie still! Franz hier ist
bewußtlos, und Martin ist auch schwer verletzt." Herr Wocker
sieht sich die beiden Männer an und ist still.
    „Wir müssen die beiden sofort ins Krankenhaus bringen", sagt

Doktor Baumgartner. Er und Herr Wocker heben Franz hoch und tragen ihn zum Auto. Martin und Helga steigen auch ein, und dann fährt der Arzt los. Er fährt sehr vorsichtig. Das Krankenhaus ist nicht weit entfernt, und in 20 Minuten sind sie da. Doktor Baumgartner geht mit Franz in den Operationssaal.

Helga bleibt draußen. Sie setzt sich auf eine Bank am Eingang des Krankenhauses und wartet. Ihre Hand tut weh, und sie fühlt sich nicht wohl.

Nach einer halben Stunde kommt ihr Vater. „Komm, Helga, jetzt bist du an der Reihe. Zeig deine Hand her." Sie geht mit ihrem Vater ins Krankenhaus. Eine Schwester schneidet den Verband auf. Der Arzt des Krankenhauses sieht sich ihre Hand an und sagt: „Hm, wir müssen die Wunde nähen."

Helgas Vater nickt. „Tun Sie das bitte, Herr Kollege."

„Aber Vati, du bist ein guter Arzt. Warum willst du denn nicht meine Hand nähen?" fragt Helga. Doktor Baumgartner lacht und sagt: „Du bist meine Tochter. Da habe ich Angst."

Vokabeln

bremsen	to brake
um/kippen	to overturn
der Graben (⸚e)	ditch
der Straßenrand (⸚er)	verge (of road)
sich bewegen	to move
knien	to kneel
untersuchen	to examine
die Wunde (-n)	wound
schienen	to put in splints
der Ast (⸚e)	branch
schneiden	to cut
verbinden	to dress (a wound)
die elastische Binde	elastic bandage
es geht	it could be worse
vorsichtig	careful
der Eingang (⸚e)	entrance
du bist an der Reihe	it is your turn
nicken	to nod

A   Answer in German:
1. Zu welchem Patienten fährt Doktor Baumgartner?
2. Wer bringt die Nachricht vom Unfall?
3. Wie geht es dem Fahrer Franz?
4. Was für Verletzungen hat Martin?
5. Wozu braucht Helga zwei Stöcke?
6. Was holt sie aus dem Auto ihres Vaters?
7. Warum schimpft der Bauer?
8. Wohin fährt Doktor Baumgartner die beiden Verletzten?
9. Wo wartet Helga auf ihren Vater?
10. Warum will ihr Vater die Wunde an ihrer Hand nicht nähen?

B   Reinhard is prone to accidents. Replace the words in bold print with the words in brackets.

Reinhard: Mutti, ich bin **vom Rad** gefallen. **Mein Kopf** blutet.
(Pferd - Knie; Stuhl - Hand; Baum - Fuß; Tisch - Arm;
von der Leiter - Bein)
Mutter: Warte, ich klebe dir ein Pflaster auf **deinen Kopf.**
(Knie, Hand, Fuß, Arm, Bein)

C *Was sagt die Schwester, und was sagt der Arzt?*

The nurse tells the doctor about the patients' injuries and he takes the appropriate action.

Beispiel

Schwester:	Herr Schmidt hat sich *in den Finger geschnitten*, aber es ist nicht schlimm.
Arzt:	Dann muß ich *einen Verband anlegen*.
Schwester:	Andreas hat sich *das Bein gebrochen*.
Arzt:	Dann muß ich *das Bein schienen*.
Schwester:	Frau Heckel hat sich *den Arm verletzt*. Die Wunde ist tief.
Arzt:	Dann muß ich *die Wunde nähen*.

Herr Schmidt:	Finger geschnitten
Andreas:	Bein gebrochen
Frau Heckel:	Arm verletzt
Annemarie:	Finger gebrochen
Frau Kranz:	Hand geschnitten
Rudolf:	Daumen geschnitten
Herr Zell:	Kopf verletzt
Frau Lampel:	Arm gebrochen
Dora:	Knie verletzt

D Complete the sentences by filling in the blank spaces with some of the words you have learned:

1. Ein Baum hat viele _____ .
2. Das Boot _____ _____ , und die beiden Jungen liegen im Wasser.
3. Die Erde _____ _____um die Sonne.
4. Ein Hund läuft auf die Straße. Der Fahrer muß scharf _____.
5. Der Arzt _____ den Patienten.
6. Vor d_____ _____des Museums stehen zwei Löwen aus Stein.
7. Sie _____ mit dem Kopf und sagt: „Natürlich hast du recht, Liebling."
8. Er _____vor ihr: „Du weißt nicht, wie sehr ich dich liebe!"
9. Du mußt sein, wenn du über die Straße gehst.

10. Der Junge will über d ____ ____springen, aber er fällt ins
    Wasser.

E   A shy medical student needs some prompting from the
    nurse when speaking to the patients. Make up his questions
    and Peter's answers.
    (Peter hat noch zwei Tabletten, ist schon eine Woche im
    Krankenhaus, liest einen Krimi.)

Beispiel
Krankenschwester: Fragen Sie Peter, ob er Schmerzen hat.
Student: Hast du Schmerzen, Peter?
Peter: Ja, ich habe Schmerzen.

Krankenschwester: Fragen Sie Peter, ob er Schmerzen hat.
                     Fragen Sie Peter, wie lange er schon im
                     Krankenhaus ist.
                     Fragen Sie Peter, ob er dursting ist.
                     Fragen Sie Peter, was er zu lesen hat.
                     Fragen Sie Peter, ob er Angst vor dem Arzt
                     hat.

F   Elke fills in the card of a new patient, Herr Sommer. The
    receptionist shows her what to do.
    (Herr Sommer: 42 Jahre alt; Architekt; hat 2 Kinder: 7 und
    5 Jahre alt)

Beispiel
Arzthelferin: Fragen Sie Herrn Sommer, ob er aus Hamburg
                  ist.
Elke: Herr Sommer, sind Sie aus Hamburg?
Herr Sommer: Ja, ich bin aus Hamburg.

Arzthelferin: Fragen Sie Herrn Sommer, ob er aus Hamburg ist.
                  Fragen Sie Herrn Sommer, wie alt er ist.
                  Fragen Sie Herrn Sommer, ob er Kinder hat.
                  Fragen Sie Herrn Sommer, wie alt seine Kinder
                  sind.
                  Fragen Sie Herrn Sommer, was er von Beruf ist.
                  Fragen Sie Herrn Sommer, ob er krank ist.

G   In the waiting room Frau Kunze is talking to Marlies and Bert

Frau Kunze: Ich habe Zeit. Habt ihr auch Zeit?
Marlies und Bert: Ja, wir haben auch Zeit.

Frau Kunze: Ich habe Zeit.
                Ich bin oft krank.
                Ich habe Kopfschmerzen.
                Ich bin schon eine Stunde hier.
                Ich habe Hunger.
                Ich bin bald an der Reihe.

H   A reporter is interviewing Herr Richter and his children. You
    will be given Herr Richter's replies. What questions does the
    reporter ask?

1   Herr Richter
    Beispiel
    Reporter: Sind Sie mit Ihrer Familie hier?
    Herr Richter: Ja, ich bin mit meiner Familie hier.

a) *Herr Richter:*   Ja, ich bin mit meiner Familie hier.
b) *Herr Richter:*   Ich habe drei Wochen Urlaub.
c) *Herr Richter:*   Ich bin Arzt.
d) *Herr Richter:*   Ja, wir sind mit dem Auto hier.
e) *Herr Richter:*   Ja, meine Frau hat Angst vor Reportern.

2   Angelika
    Beispiel
    Reporter: Wie alt bist du?
    Angelika: Ich bin dreizehn Jahre alt.

a) *Angelika:*   Ich bin dreizehn Jahre alt.
b) *Angelika:*   Ja, ich habe einen Freund.
c) *Angelika:*   Ja, mein Freund ist auch am Strand.
d) *Angelika:*   Nein, mein Freund hat blondes Haar.

3   Angelika und Martin
    Beispiel
    Reporter: Seid ihr gern an der Ostsee?
    Angelika und Martin: Ja natürlich, wir sind gern an der Ostsee.

a) *Angelika und Martin:* Ja natürlich, wir sind gern an der Ostsee.
b) *Angelika und Martin:* Ja, wir haben immer im August Ferien.
c) *Angelika und Martin:* Ja, wir sind jeden Tag am Strand.
d) *Angelika und Martin:* Nein, wir haben keine Angst beim Segeln.

10 Es brennt

Am Samstag geht die Clique oft in die Diskothek. Helgas Mutter mag nicht, wenn Helga spät nach Hause kommt. Manchmal holt ihr Vater sie mit dem Auto ab.

Es ist beinahe Mitternacht, als Mark, Toni, Helga und Marion aus dem *Beatschuppen* kommen. Die Straßen sind leer.

"Das war ein schöner Abend", sagt Toni.

"Ja, aber mir tun die Füße jetzt weh, und ich bin müde", antwortet Marion.

Sie gehen die Marktstraße entlang. Toni bleibt plötzlich stehen. Er sagt: "Seht ihr den Rauch dort drüben?"

"Ja, der Schornstein raucht", sagt Marion. "Komm, ich will nach Hause."

"Nein, das ist nicht der Schornstein. Es brennt! Bei der Buchhandlung Bernshaus brennt es!"

"Vielleicht verbrennt Herr Bernshaus alte Zeitungen", sagt Mark.

"Um 12 Uhr nachts? Ganz bestimmt nicht", sagt Toni. "Komm Mark. Das Feuer ist auf dem Hof. Ich gehe durch die Garage und sehe, was los ist."

Toni arbeitet als Zeitungsjunge für Herrn Bernshaus. Er kennt das Geschäft gut. Er geht um das Haus und lehnt sich gegen die Garagentür.Er hat Glück, die Tür ist offen. Auf dem Hof sind Kartons und alte Zeitungen. Alles steht in Flammen. Mark und Toni versuchen, das Feuer zu löschen. Toni verbrennt sich die Hand dabei. Aber ohne einen Feuerlöscher und ohne einen Eimer mit Wasser können sie die Flammen nicht ausmachen.

"Schnell, wir müssen die Feuerwehr anrufen", sagt Mark.

"Um die Ecke ist eine Telefonzelle", sagt Marion. "Helga und ich können die Feuerwehr anrufen."

"Welche Nummer müssen wir wählen?" fragt Marion.

"Hier steht: Feuerwehr 112."

Helga nimmt den Hörer ab und wählt. "Hallo! Es brennt in der Buchhandlung Bernshaus. Die Buchhandlung ist auf der Marktstraße, gleich neben dem Supermarkt . . . . Die Nummer weiß ich nicht . . . . Ach ja, mein Name ist Helga Baumgartner, und ich wohne Luisenstraße 5."

Als sie aus der Telefonzelle kommen, sehen sie Helgas Vater im Auto. Er hält an, und sie erzählen ihm vom Feuer. "Steigt ein!" sagt er, "natürlich fahren wir gleich hin."

Mark und Toni stehen um das Feuer herum und starren in die Flammen. Das Feuer wird immer größer. Bald wird auch das

Geschäft brennen. Toni sagt: „Herr Bernshaus wohnt über dem Geschäft. Wir müssen ihn wecken."

In der Wohnung von Herrn Bernshaus brennt noch Licht. Er will gerade ins Bett gehen. Er hört die Klingel und kommt schnell zur Tür. Toni sagt ihm, was los ist. Als Herr Bernshaus durch das Fenster sieht, erschrickt er. Er geht schnell mit Mark und Toni die Treppe hinunter.

Tut! tut! tut! Die Feuerwehr kommt die Marktstraße entlang. Die Bremsen quietschen, und die Feuerwehrmänner springen aus dem Wagen. Mit Wasserschläuchen kämpfen sie gegen das Feuer an.

Jetzt kommen auch Helgas Vater, Helga und Marion. Sie steigen aus dem Auto und sehen den Feuerwehrmännern zu. Bald ist das Feuer gelöscht.

Herr Bernshaus hat Glück. Der Schaden ist nicht groß. Er dankt den Jungen und Mädchen für ihre Hilfe. „Ich weiß, ihr lest gern. Deshalb möchte ich euch Bücher schenken. Kommt morgen früh in meine Buchhandlung und nehmt euch so viele Bücher, wie ihr haben wollt."

Vokabeln

der Rauch	smoke
der Schornstein (-e)	chimney
brennen	to burn
die Buchhandlung (-en)	book shop
der Hof (¨e)	yard
löschen	to extinguish
die Feuerwehr	fire-brigade
der Hörer	receiver
wählen	to dial
erschrecken (er erschrickt)	to be alarmed
quietschen	to screech
der Wasserschlauch (¨e)	hose
kämpfen	to fight
der Schaden (¨)	damage

A   Answer in German:
1. Wohin geht die Clique oft am Samstag?
2. Warum will Marion schnell nach Hause?
3. Woher kommt der Rauch?
4. Was für einen Job hat Toni?
5. Warum gehen Toni und Mark auf den Hof der Buchhandlung Bernshaus?
6. Wohin gehen die beiden Mädchen?
7. Wen rufen sie an?
8. Wo treffen sie Helgas Vater?
9. Was machen Toni und Mark inzwischen?
10. Was will Herr Bernshaus den Jungen und Mädchen geben?

B   *brennen; verbrennen; sich verbrennen*
1   Complete the following sentences, choosing one of the above expressions.

Beispiel   Die Buchandlung *brennt*.
Herr Bernshaus *verbrennt* altes Papier.
Toni *verbrennt sich* die Hand.

1. Die Buchhandlung _____ .
2. Herr Bernshaus _____altes Papier.
3. Toni _____die Hand.
4. In der Küche _____ das Licht.
5. Der Poet _____ sein Manuskript.
6. Max _____den Mund an der heißen Suppe.
7. Das Feuer im Kamin _____ noch.
8. Siehst du den Rauch? Es _____ in der Papierfabrik.
9. Unser Nachbar _____ altes Holz im Garten.
10. Der Koch _____die Hand am Kochtopf.
11. Benzin _____schnell.
12. Zieh dir das Hemd an, sonst _____dir die Sonne die Arme.
13. Die Lampe_____die ganze Nacht.

63

2 *sich verbrennen*

Paul is playing with matches. Where does he burn himself?

Beispiel Paul verbrennt sich den Daumen.

C *für; um; durch; gegen; ohne*

Beispiel
Toni arbeitet *für* Herrn Bernshaus.
Mark und Toni stehen *um* das Feuer.
Ich gehe *durch* die Garage.
Er lehnt sich *gegen* die Tür.
Ohne einen Feuerlöscher können sie die Flammen nicht ausmachen.

1 Complete the following sentences by choosing one of the prepositions given in each box and adding the right endings where indicated:

1. Dieses Jahr fährt er

| gegen |
| durch |
| ohne |

sein- Frau nach Spanien.

2. Ist der Brief
   | um |
   | für |
   | ohne |
   dein- Vater?

3. Der Mann schwimmt
   | um |
   | gegen |
   | für |
   d- Strömung.

4. Manfred steigt
   | durch |
   | gegen |
   | ohne |
   d- Fenster ins Zimmer.

5. Frau Witte hält den Brief
   | für |
   | um |
   | gegen |
   d- Licht.

6. Alle stehen
   | um |
   | durch |
   | gegen |
   d- kleinen Jungen herum.

7. Jeden Morgen läuft Peter dreimal
   | für |
   | um |
   | ohne |
   d- Sportplatz.

8. Martina geht langsam
   | ohne |
   | gegen |
   | durch |
   d- Park.

9. Kleine Kinder dürfen nicht
   | um |
   | ohne |
   | für |
   ihr- Eltern ins Museum.

10. Das ist viel Geld
    | für |
    | um |
    | durch |
    dies- alte Auto.

2 Insert the most appropriate object from the box and add the right endings where indicated. The objects are listed in a jumbled order.

1. Ohne ihr-_____ kann Oma nicht lesen.
2. Ohne sein-_____ kann Heiner keinen Fisch fangen.
3. Ohne mein-_____ gehe ich nicht zelten.
4. Ohne ein-_____ geht Herr Spindler nie ins Bett.
5. Ohne sein-_____ fährt Herr Hoppe nie in die Berge.
6. Ohne sein-_____ kann Wolfgang nicht schwimmen gehen.
7. Ohne dein-_____ kannst du bei diesem Wetter nicht losgehen.
8. Ohne ihr-_____ geht Frau Hassel nie aus dem Haus.

Badehose	Brille
Wanderstock	Krimi
Schlüssel	Angelrute
Regenschirm	Schlafsack

3 Roswitha is showing Manfred the things she bought for him and for herself. Complete the sentences by inserting the most appropriate object from the box; they are listed in a jumbled order. Add the right endings where indicated.

1. Hier habe ich eine Krawatte für dein-_____.
2. Diese Knöpfe sind für mein-_____.
3. Die Wolle ist für mein-_____.
4. Hier sind die Briefmarken für d-_____.
5. Gefällt dir diese Lampe für d-_____?
6. Diese Tabletten für mein-_____ sollen gut sein.
7. Die Batterien für d-_____ sind nicht billig.
8. Und diese Blumen sind für d-_____.

Radio	Porzellanvase
Kopfschmerzen	Wohnzimmer
Hemd	Pullover
Mantel	Brief nach Amerika

D *Da stimmt etwas nicht!*
The presents got all mixed up. Can you sort them out?

Beispiel
Vati raucht gern. Deshalb schenke ich ihm *einen Lippenstift.*
Vati raucht gern. Deshalb schenke ich ihm **ein Päckchen Zigaretten.**

1. Vati raucht gern. Deshalb schenke ich ihm *einen Lippenstift.*
2. Mutti schminkt sich gern. Deshalb kaufe ich ihr ein *Päckchen Zigaretten.*
3. Mein Bruder hört gern Popmusik. Deshalb schenke ich ihm *eine Platte von Beethoven.*
4. Meine Schwester will abnehmen. Deshalb schenke ich ihr *eine Tafel Schokolade.*
5. Meine Freundin will im Winter Ski laufen. Deshalb schenke ich ihr *eine Badehose.*
6. Meine Großeltern lieben klassische Musik. Deshalb schenke ich ihnen *die neuesten englischen Popsongs.*
7. Meine Tante ißt gern Süßigkeiten. Deshalb schenke ich ihr *einen Korb mit Obst.*
8. Mein Freund fährt im Sommer an die See. Deshalb schenke ich ihm *ein Paar warme Skihandschuhe.*

Vokabeln

A

der	Abend (-e)	evening
	abends	in the evening
	aber	but
	ab/holen	to collect
	ab/nehmen	to slim
	ab/treiben	to drift off
sich	ab/wechseln	to take turns
der	Affe (-n)	monkey
die	Aktentasche (-n)	briefcase
	allein	alone
	als	when
	alt	old
	anderer	other
	an/fangen	to start, to begin
das	Angelgerät (-e)	fishing tackle
	angeln	to fish
die	Angelrute (-n)	fishing rod
	Angst haben vor	to be afraid of
	an/haben	to wear
	an/ahlten	to stop
	an/kommen	to arrive
	an/lassen (den Motor . . .)	to start (the engine)
	an/legen (einen Verband . . .)	to put on (a bandage)
der	Anorak (-s)	anorak
die	Anoraktasche (-n)	anorak pocket
	an/rufen	to phone
	an/sehen	to look at
	an/springen	to start (der Motor springt an) (the engine starts)
	antworten	to answer
	an/ziehen	to put on
sich	an/ziehen	to get dressed
der	Apfelsaft	apple juice
	arbeiten	to work
sich	ärgern	to be annoyed
der	Arm (-e)	arm
der	Arzt (-̈e)	doctor
der	Ast (-̈e)	branch
	auf/bauen	to put up, to pitch
	auf/fressen	to eat up (of animals)
	auf/heben	to pick up, to lift
	auf/hören	to stop (doing something)

	auf/machen	to open
	auf/passen	to pay attention
	auf/stehen	to get up
der	Augenblick	moment
der	Ausflug (-̈e)	excursion
	aus/gehen	to go out
	Ausland (ins/im)	abroad
	aus/packen	to unpack
sich	aus/ruhen	to have a rest
	aus/sehen	to look like
	aus/steigen	to get out
	aus/suchen	to choose
	aus/tragen (Zeitungen . . .)	to deliver (newspapers)
der	Ausweis (-e)	identity card
	aus/ziehen	to take off
das	Auto (-s)	car
	autsch!	ouch!

B

	backen	to bake
die	Badehose (-n)	swimming trunks
	baden	to bathe, to swim
der	Bahnhof (-̈e)	station
	bald	soon
der	Ball (-̈e)	ball
die	Banane (-n)	banana
die	Bank (-̈e)	bench
die	Bank (-en)	bank (money)
der	Bart (-̈e)	beard
die	Batterie (-n)	battery
der	Bauer (-n)	farmer
der	Baum (-̈e)	tree
sich	bedanken	to thank
sich	beeilen	to hurry up
	begeistert	enthusiastic
	begrüßen	to greet, to welcome
	beide	both
das	Bein (-e)	leg
	beinahe	almost
das	Beispiel (-e)	example
	beißen	to bite
	bekannt	well known
sich	beklagen	to complain
	bekommen	to get
das	Benzin	petrol
der	Berg (-e)	mountain
der	Beruf (-e)	job, profession
	berühmt	famous
	beschreiben	to describe

der	Besitzer (-)	proprietor
	besuchen	to visit
	bestimmt	definitely
das	Bett (-en)	bed
die	Bettdecke (-n)	quilt
sich	bewegen	to move
	bewußtlos	unconscious
	bezahlen	to pay
die	Biene (-n)	bee
das	Bier	beer
die	Binde (elastische . . .)	bandage (elastic . . .)
	bis	until
	blau	blue
	bleiben	to stay, to remain
der	Bleistift (-e)	pencil
die	Blume (-n)	flower
die	Bluse (-n)	blouse
	bluten	to bleed
der	Boden	ground
	(zu Boden fallen)	(to fall to the ground)
der	Bonbon (-s)	bonbon, sweet
das	Boot (-e)	boat
	böse	cross, angry
	braten	to fry
die	Bratwurst (-̈e)	fried sausage
	brauchen	to need, to require
	braun	brown
	brechen	to break
die	Bremse (-n)	brake
	bremsen	to brake
	brennen	to burn
es	brennt!	(there is a) fire!
der	Brief (-e)	letter
die	Briefmarke (-n)	stamp
der	Brieföffner (-)	letter-opener
die	Brille (-n)	glasses
	bringen	to bring
das	Brot (-e)	bread
das	Brötchen (-)	bread roll
die	Brücke (-n)	bridge
das	Buch (-̈er)	book
die	Buchhandlung (-en)	book shop
sich	bücken	to bend down
	bums!	bang!
die	Bushaltestelle (-n)	bus stop

C

das	Café (-s)	café
der	Campingplatz (-̈e)	camp site
der	Chef (-s)	boss
die	Clique (-n)	gang

D

	dabei	with (it)
die	Dame (-n)	lady

der	Daumen (-)	thumb
	daß	that
die	Decke (-n)	blanket
	decken (den Tisch . . .)	to lay (the table)
	denken	to think
	denn	as
	denselben (acc.)	the same
	deshalb	therefore
	dicht	close
	dick	stout
der	Dienstag	Tuesday
die	Diskothek (-en)	discotheque
der	Donnerstag	Thursday
das	Dorf (-̈er)	village
die	Dose (-n)	tin
	draußen	outside
	dreimal	three times
	drüben	over there
sich	ducken	to duck
die	Düne (-n)	dune
	dürfen	to be allowed to
	dunkel	dark
	durch	through
	durstig	thirsty

E

die	Ecke (-n)	corner
das	Ei (-er)	egg
der	Eimer (-)	bucket
	ein/biegen	to turn into
der	Einbrecher (-)	burglar
der	Eingang (-̈e)	entrance
	ein/kaufen	to go shopping
die	Einkaufsliste (-n)	shopping list
	ein/packen	to pack
	ein/steigen	to get in
	einverstanden sein	to agree
das	Eis	ice-cream
der	Elefant (-en)	elephant
die	Eltern	parents
das	Ende	end
	endlich	at last
die	Ente (-n)	duck
	entlang	along
	enttäuscht	disappointed
die	Erde	earth, ground
der	Erfolg (-e)	success
	ernst	serious
	erreichen	to reach
	erscheinen	to appear
	erschöpft	exhausted
	erschrecken	to be alarmed
	erst	first
	erst	only
	erzählen	to tell
	essen	to eat

69

das	**Essen** meal		der	**Fußtritt** (-e) kick
	etwas something			(jdm einen Fußtritt
	euer (-e) your			geben) (to kick
				someone)
F				**füttern** to feed

die	**Fahne** (-n) flag		
	fahren to go, to drive	**G**	
der	**Fahrer** (-) driver		
die	**Fahrkarte** (-n) ticket		**gackern** to cackle
die	**Fahrt** (-en) journey		**ganz** whole
die	**Familie** (-n) family	die	**Garage** (-n) garage
	fangen to catch		**gar nicht** not at all
das	**Fenster** (-) window	der	**Garten** ($\stackrel{..}{-}$) garden
die	**Ferien** holiday(s)	das	**Gasrohr** (-e) gas pipe
der	**Fernfahrer** (-) long-distance		**geben** to give
	lorry driver		**gebrochen** broken
der	**Fernsehapparat** (-e) tele-	das	**Gebüsch** bushes
	vision set		**gefährlich** dangerous
	fern/sehen to watch		**gefallen** to like
	television		**gegen** against
der	**Fernsehturm** television		**geheimnisvoll** mysterious
	tower		**gehen** to go
	fest/halten to hold	der	**Geist** (-er) ghost
sich	**fest/halten** to hold on		**gelb** yellow
	fest/stellen to secure	das	**Geld** money
das	**Feuer** (-) fire		**genau** exactly, precisely
der	**Feuerlöscher** (-) fire-		**genug** enough
	extinguisher	das	**Geschäft** (-e) shop
die	**Feuerwehr** firebrigade	die	**Geschichte** (-n) story
der	**Feuerwehrmann** ($\stackrel{..}{-}$er) fireman	die	**Geschwister** brothers and
	finden to find		sisters
der	**Fisch** (-e) fish		**geschwollen** swollen
die	**Flamme** (-n) flame	das	**Gesicht** (-er) face
der	**Flaschenöffner** (-) bottle	das	**Getränk** (-e) drink, beverage
	opener		**gewöhnlich** normally,
das	**Fleisch** meat		usually
	fleißig diligent, busy	es	**gibt** there is, there are
	fliegen to fly	die	**Gitarre** (-n) guitar
das	**Flugzeug** (-e) aeroplane	das	**Glas** ($\stackrel{..}{-}$er) glass
	folgen to follow		**gleich** immediately
	fotografieren to photo-	das	**Glück** luck
	graph	der	**Goldfisch** (-e) goldfish
	fragen to ask		**Gott sei Dank!** Thank
	frech cheeky		goodness!
der	**Freitag** Friday	der	**Graben** ($\stackrel{..}{-}$) ditch
sich	**freuen** to be delighted	das	**Gras** grass
der	**Freund** (-e) friend (male)		**grau** grey
die	**Freundin** (-nen) friend		**groß** tall, big, large
	(female)	die	**Großeltern** grandparents
	freundlich kind	die	**Großmutter** ($\stackrel{..}{-}$) grandmother
	frieren to be cold	der	**Großvater** ($\stackrel{..}{-}$) grandfather
	frisch fresh		**grün** green
	froh glad		**grüßen** to greet
	früh early	die	**Gulaschsuppe** goulash soup
das	**Frühstück** breakfast		
sich	**fühlen** to feel	**H**	
	für for		
der	**Fuß** ($\stackrel{..}{-}$e) foot	das	**Haar** (-e) hair
		der	**Hafen** ($\stackrel{..}{-}$) harbour, port

70

die	Hafenrundfahrt (-en)	trip round the harbour
	halb-	half
der	Hals (-̈e)	neck
das	Halstuch (-̈er)	scarf
die	Hand (-̈e)	hand
der	Handschuh (-e)	glove
die	Haustür (-en)	front door
	heben	to lift
	heißen	to be called
	helfen	to help
das	Hemd (-en)	shirt
der	Herbst	autumn
	herunter/klettern	to climb down
	heute	today
die	Hilfe	help
sich	hin/setzen	to sit down
	hinten	at the back
	hinter	behind
	hinunter/gehen	to go downstairs
	hoch	high
der	Hof (-̈e)	yard
	hohl	hollow
	holen	to fetch
das	Holz	wood
der	Honig	honey
	hören	to hear
der	Hörer (vom Telefon)	receiver (of the telephone)
die	Hose (-n)	trousers
	hübsch	pretty
der	Hubschrauber (-)	helicopter
das	Huhn (-̈er)	chicken
der	Hund (-e)	dog
das	Hundefleisch	dog-meat
	Hunger haben	to be hungry
	hungrig	hungry
der	Hut (-̈e)	hat

I

die	Idee (-n)	idea
	ihm	(to) him
	ihn	him
	ihnen	(to) them
	Ihnen	you
	ihr-	her
	Ihr-	your
	ihre	their
	immer	always
	immer noch	still
	Indien	India
der	Ingenieur (-e)	engineer
die	Injektion (-en)	injection
	interessiert sein an	to be interested in

	inzwischen	meanwhile
	Italien	Italy

J

die	Jacke (-n)	jacket
das	Jahr (-e)	year
	jeder	everybody
	jemand	somebody
	jetzt	now
der	Joghurt	yogurt
der	schwarze Johannesbeersaft	blackcurrant juice
der	Jugendklub (-s)	youth club
	jung	young
der	Junge (-n)	boy

K

der	Käfig (-e)	cage
der	Kameramann (-̈er)	cameraman
der	Kamin (-e)	fireplace
	kämpfen	to fight
das	Kaninchen (-)	rabbit
	kaputt	broken, smashed
die	Kartoffel (-n)	potato
die	Kartoffelchips	potato crisps
der	Kartoffelsalat	potato salad
der	Karton (-s)	box
der	Käse	cheese
die	Katze (-n)	cat
das	Katzenfutter	cat-food
	kaufen	to buy
die	Keksdose (-n)	biscuit tin
	kennen	to know
die	Kette (-n)	necklace
das	Kind (-er)	child
das	Kino (-s)	cinema
	klatschen	to clap
	kleben	to stick
das	Kleid (-er)	dress
	klein	small
	klettern	to climb
die	Klingel	bell
	klingeln	to ring
	klingen	to sound
	klopfen	to knock
	klug	clever
	km/st (Kilometer pro Stunde)	kilometres per hour
das	Knie (-e)	knee
	knien	to kneel
der	Knochen (-)	bone
der	Knopf (-̈e)	button

der	Koch (⁻e) cook	
	kochen to cook, to boil	
der	Kochtopf (⁻e) pan, pot	
der	Kohl cabbage	
der	Kollege (-n) colleague	
	kommen to come	
	können can, to be able to	
	kontrollieren to check	
der	Kopf (⁻e) head	
die	Kopfschmerzen headache	
der	Korb (⁻e) basket	
	kosten to cost	
	krank ill	
der	Krankenbesuch (-e) visit to a patient	
das	Krankenhaus (⁻er) hospital	
die	Krawatte (-n) tie	
die	Kreuzung (-en) crossing	
	kriechen (auf allen vieren . . .) to crawl (on all fours)	
der	Krimi (-s) thriller	
der	Kriminalfilm (-e) detective film	
der	Kriminalroman (-e) detective novel	
die	Küche (-n) kitchen	
der	Kuchen (-) cake	
die	Kuh (⁻e) cow	
die	Kurve (-n) curve, bend	
	kurz short	

L

	lachen to laugh	
der	Lachs (-e) salmon	
	laden to load	
die	Lampe (-n) lamp	
	lang long	
	langsam slow(ly)	
	langweilig boring	
der	Lärm noise	
	lassen to let, to leave	
der	Lastwagen (-) lorry	
	laufen to run, to walk	
die	Laune mood	
	laut loud	
das	Leben life	
der	Leberkäs kind of meat loaf	
die	Leberwurst liver sausage	
	lecken to lick	
die	Lederjacke (-n) leather jacket	
	leer empty	
sich	legen to lie down	
sich	lehnen to lean	
	leicht easy	
	leiden (sie kann Jazz nicht . . .) to stand (she cannot . . . jazz)	

	leid tun to be sorry (Marion tut ihnen . . .) (they are . . . for Marion)	
die	Leiter (-n) ladder	
die	Leute people	
das	Licht (-er) light	
	lieben to love	
der	Liebesbrief (-e) love-letter	
am	liebsten best	
das	Lied (-er) song	
	liegen to lie	
die	Limonade (-n) lemonade	
	links left	
der	Lippenstift (-e) lip-stick	
	löschen to extinguish	
	los/fahren to drive off	
	los/lassen to let go	
was	ist los? . what's the matter!	
die	Luft air	
die	Luftmatratze (-n) airbed	
	Lust haben to like to	

M

	machen to do	
das	Mädchen (-) girl	
das	Mal (das erste . . .) time (the first . . .)	
der	Maler (-) painter, artist	
	manchmal sometimes	
der	Marktplatz (⁻e) market square	
der	Matrose (-n) sailor	
die	Maus (⁻e) mouse	
das	Medikament (-e) medicine	
die	Meisterin (-nen) woman champion	
	melken to milk	
der	Mensch (-en) person	
	merkwürdig strange	
der	Mieter (-) tenant	
die	Milch milk	
der	Minister (-) Secretary of State	
	miteinander with each other	
	mittags at noon	
	(zu) Mittag essen to have lunch	
die	Mitternacht midnight	
	mögen to like	
die	Mohrrübe (-n) carrot	
der	Mond moon	
	morgen tomorrow	
der	Morgen morning	
die	Motorhaube (-n) bonnet (of car)	
der	Motorradfahrer (-) motorcyclist	
der	Motorroller (-) motor scooter	

	müde	tired
der	Mund	mouth
das	Museum (Museen)	museum
	müssen	must, to have to
	mutig	courageous

N

	nach	after
der	Nachbar (-n)	neighbour
die	Nachbarin (-nen)	female neighbour
	nachher	afterwards
der	Nachmittag (-e)	afternoon
die	Nachricht (-en)	news
	nächst -	next
die	Nacht (⁻e)	night
das	Nachthemd (-en)	night-dress
	nachts	at night
	nah	near
	nähen	to stitch
	nanu!	what on earth!
das	Narkotikum (-ka)	narcotic drug
die	Nase (-n)	nose
	naß	wet
	natürlich	naturally, of
	neben	next to
	nebenan	next door
	nehmen	to take
sich	nennen	to be called
	nett	nice, kind
	neu	new
das	Netz (-e)	net
	nicht mehr	no longer, not . . . anymore
	nicken	to nod
	nie	never
	niedlich	lovely, sweet
	niesen	to sneeze
die	Nummer (-n)	number
die	Nuß (⁻sse)	nut
	nützlich	useful

O

	ob	whether
	oben	at the top
das	Obst	fruit
	öffnen	to open
	oft	often
	ohne	without
der	Operationssaal	operating theatre
der	Orangensaft	orange juice
	Ordnung (in . . .)	order (in . . .)
die	Ostsee	Baltic Sea

P

ein	paar	a few, some
das	Päckchen (-)	packet
	paddeln	to paddle
das	Papier (-e)	paper
die	Papierfabrik (-en)	paper mill
der	Park (-s)	park
die	Party (-s)	party
der	Patient (-en)	patient
	Pause machen	to pause
das	Pech	bad luck.
das	Pferd (-e)	horse
das	Pflaster	plaster
die	Pfote (-n)	paw
das	Picknick (-s)	picnic
der	Platz (⁻e)	place
	plötzlich	suddenly
die	Polizei	police
die	Polizeiwache (-n)	police station
der	Polizeiwagen	police car
der	Polizist (-en)	policeman
die	Pommes frites	chips
das	Portemonnaie (-s)	purse
das	Porzellan	porcelain, china
die	Post	post office
der	Pudel (-)	poodle
der	Pullover (-)	pullover
	putzen	to clean

Q

| | quietschen | to screech |

R

das	Rad (⁻er)	bicycle
das	Radio (-s)	radio
die	Radtour (-en)	cycling trip
die	Raststätte (-n)	motorway services
das	Rathaus (⁻er)	town hall
die	Ratte (-n)	rat
der	Rauch	smoke
	rauchen	to smoke
	recht haben	to be right
	rechtzeitig	in time
das	Regal (-e)	shelf
der	Regen	rain
der	Regenmantel (⁻)	raincoat
der	Regenschirm (-e)	umbrella
der	Regenwurm (⁻er)	earthworm
	regnen	to rain
die	Reihe (-n)	row (du bist an der . . .) (it is your turn)

der	Reis	rice
	reiten	to go horseriding
	reparieren	to repair
der	Reporter (-)	reporter
das	Restaurant (-s)	restaurant
	retten	to save, rescue
das	Rettungsboot (-e)	life-boat
der	Rettungsdienst	rescue service
	richtig	correct
der	Rock (⁻e)	skirt
	rot	red
der	Rücken	back
der	Rucksack (⁻e)	rucksack
	rufen	to call, shout
die	Ruhe (laß mich in . . .)!	peace (leave me in . . .)
	ruhig	quiet

S

	sagen	to say
der	Salat (grüner . . .)	lettuce
	sammeln	to collect
der	Samstag	Saturday
das	Sauerkraut	pickled cabbage
der	Schacht (⁻e)	manhole
	schade!	what a pity!
der	Schaden (⁻)	damage
das	Schaf (-e)	sheep
die	Schallplatte (-n)	record (music)
	scharf	sharp
der	Schaschlik	kebab
	scheinen	to shine, to seem to
	schenken	to give (a present)
die	Scherbe (-n)	bit of glass, fragment
	schienen	to put in splints
die	Schildkröte (-n)	tortoise
	schimpfen	to swear
der	Schinken	ham
der	Schlafanzug (⁻e)	pyjamas
	schlafen	to sleep
der	Schlafsack (⁻e)	sleeping bag
	schlagen	to hit, to strike
der	Schlager (-)	hit (tune)
das	Schlagzeug	percussion
der	Schlagzeuger (-)	percussionist
	schlank	slim
	schlimm	bad
der	Schlüssel (-)	key
	schmecken	to taste
der	Schmerz (-en)	pain
sich	schminken	to put on make-up
	schmutzig	dirty

	schnell	quick, fast
	schneiden	to cut
das	Schnitzel (-)	cutlet
die	Schokolade	chocolate
	schön	beautiful, nice
	schon	already
der	Schornstein (-e)	chimney
	schrecklich	terrible
	schreiben	to write
	schreien	to shout
der	Schuh (-e)	shoe
der	Schuhmacher (-)	shoe-maker
der	Schuppen (-)	shed
der	Schwanz (⁻e)	tail
	schwarz	black
die	Schweiz	Switzerland
	schwer	heavy
die	Schwester (-n)	sister
das	Schwimmbad (⁻er)	swimming bath
	schwimmen	to swim
	schwitzen	to sweat
der	See (-n)	lake
die	See	sea
	segeln	to sail
	sehen	to see
der	Seehund (-e)	seal
	sehr	very
	selbst (er . . .)	self (he, him . .)
sich	setzen	to sit down
	singen	to sing
	sitzen	to sit
das	Skilaufen	skiing
	so . . . wie	as . . . as
das	Sofa (-s)	sofa
	sofort	immediately
der	Sohn (⁻e)	son
	sollen	should, ought to
der	Sommer	summer
	sondern	but
die	Sonne	sun
sich	sonnen	to sunbathe
der	Sonntag	Sunday
	Spanien	Spain
die	Sparkasse (-n)	savings bank
der	Spaß (⁻e)	fun
	spät	late
	spazieren/gehen	to go for a walk
der	Spaziergang (⁻e)	walk
der	Speck	bacon
	spielen	to play
der	Sportplatz (⁻e)	sports ground
	sprechen	to speak
	springen	to jump
die	Stadt (⁻e)	city, town
der	Stadtpark (-s)	municipal park

der	Stadtplan (¨e)	street map
	stark	strong
	starren	to stare
	stecken	to stick, to put
	stehen	to stand
	stehen/bleiben	to stop
	stehlen	to steal
	steigen (auf)	to climb
der	Stein (-e)	stone
die	Stelle (-n)	place, spot
	stellen	to put
	steuern	to steer
das	Steuerrad (¨er)	steering wheel
	still	quiet, silent
die	Stimme (-n)	voice
es	stimmt!	it's correct
der	Stock (¨e)	stick
	stöhnen	to groan, to moan
	stolz auf	proud of
	stoßen gegen	to knock against
die	Strafe (-n)	fine
der	Strand (¨e)	beach
die	Straße (-n)	street
die	Straßenbahn (-en)	tram
die	Straßenbahnhaltestelle (-n)	tram stop
der	Straßenrand (¨er)	verge of road
die	Straßenseite (-n)	side of street
die	Strömung (-en)	current
das	Stück (-e)	piece
der	Stuhl (¨e)	chair
die	Stunde (-n)	hour
sich	streiten	to quarrel
die	Suppe (-n)	soup
die	Süßigkeiten (pl)	sweets

T

die	Tablette (-n)	pill, tablet
die	Tafel (-n) (... Schokolade)	bar (of chocolate)
der	Tag (-e)	day
	tanken	to fill up with petrol
die	Tankstelle (-n)	filling station
der	Tankwart	petrol pump attendant
die	Tante (-n)	aunt
die	Tasche (-n)	bag, pocket
die	Taschenlampe (-n)	torch
das	Taschenmesser (-)	pocket knife
die	Tasse (-n)	cup

der	Tee	tea
der	Teich (-e)	pond
die	Telefonzelle (-n)	telephone box
der	Tennisplatz (¨e)	tennis court
der	Teufel (-)	devil (zum ... jagen) (to send to the ...)
	tief	deep
das	Tier (-e)	animal
der	Tierarzt (¨e)	veterinary surgeon
das	Tiergeschäft (-e)	pet shop
der	Tisch (-e)	table
die	Tochter (¨)	daughter
der	Tourist (-en)	tourist
	tragen	to wear; to carry
der	Traktor (-en)	tractor
	träumen	to dream
	treffen	to hit; to meet
die	Treppe (-n)	staircase
	trinken	to drink
	tun	to do
die	Tür (-en)	door

U

die	U-Bahn (-en)	underground (tube)
	üben	to practise
	überfahren	to run over
der	Überfall (¨e)	raid
	überlegen	to consider, to think about
das	Ufer (-)	embankment, shore
	um	around
	umarmen	to hug, to embrace
	um/kippen	to overturn
	um...zu	in order to
der	Unfall (¨e)	accident
	unser (e)	our
	unten	below
	unter/gehen (die Sonne geht unter)	to set (the sun sets)
	untersuchen	to examine
der	Urlaub	holiday

V

der	Verband	bandage
der	Verbandskasten	first-aid box
	verbinden	to dress (a wound)
	verbrennen	to burn
	verkaufen	to sell

75

die **Verkehrsampel** (-n) traffic-
lights
verlassen to leave
sich **verlaufen** to lose one's way
verletzt injured
die **Verletzung** (-en) injury
der **Verstärker** (-) amplifier
verstauchen to sprain
versuchen to try
viel much
vielleicht perhaps
der **Vogel** (⁻) bird
das **Vogelfutter** bird seed
voll full
vor in front of
der **Vormittag** morning,
forenoon
vorsichtig careful

W

der **Wagen** (-) car
wählen (eine Nummer ...)
to dial (a number)
während while
der **Wald** (⁻er) forest
der **Wanderstock** (⁻e) walking
stick
wann? when?
warten auf to wait for
warum? why?
was? what?
waschen to wash
was für ...? what sort of ..?
das **Wasser** water
der **Wasserschlauch** (⁻e) hose
wecken to waken
wedeln (mit dem Schwanz ...)
to wag (one's tail)
der **Weg** (-e) way
weg/ziehen to pull off
wehen to blow
(die Fahne weht) (the
flag is flying)
weh tun to hurt
weil because
der **Wein** wine
weinen to cry
weiß white
weit far, long
weiter/fahren to continue
to go on
der **Wellensittich** (-e) budgerigar
wenige few
wenn when, if

wer? who?
werden to become; shall, will
werfen to throw
das **Werkzeug** tools
das **Wetter** weather
wickeln to wrap
wie? how?
wieder again
wieviel? how much?
winken to wave
wirklich really
wissen to know (a fact)
wo? where?
die **Woche** (-n) week
das **Wochenende** weekend
wohin? where ... to?
wohnen to live
die **Wohnung** (-en) flat
die **Wolke** (-n) cloud
die **Wolle** wool
wollen to want to
das **Wort** (-e) word
wozu? what ... for?
die **Wunde** (-n) wound
sich **wundern über** to wonder at
die **Wurst** (⁻e) sausage
der **Würstchenstand** (⁻e) street
stall selling hot dogs etc.
wütend furious

Z

der **Zahnarzt** (⁻e) dentist
der **Zaun** (⁻e) fence
das **Zeichen** (-) sign
zeigen to show
die **Zeit** (-en) time
die **Zeitung** (-en) newspaper
der **Zeitungsjunge** (-n) paper boy
das **Zelt** (-e) tent
zelten to camp
zerbrechen to break
ziehen to pull
die **Zigarette** (-n) cigarette
der **Zigarettenautomat** (-en)
cigarette machine
das **Zimmer** (-) room
der **Zirkus** circus
der **Zoo** (-s) zoo
zu (die Tür ist ..) shut,
closed (the door is ..)
zuerst first of all
zufrieden content, satisfied
der **Zug** (⁻e) train
zurück back
zweimal twice